源頼朝の世界

永井路子

朝日文庫

本書は一九八二年十月、中央公論社より刊行されたものです。

源頼朝の世界 ● 目次

頼朝とその周辺の人びと

逞しき東国武者

西国の権謀家たち

図版作成　谷口正孝

源頼朝の世界

頼朝とその周辺の人びと

源　頼朝

雪中彷徨

この白い世界はどこまで続くのか。冷たいのか暖かいのか、今は感覚もさだかではない。単調に体が揺れるのはどうしてなのか。母の胸に抱きとられて揺すぶられているような陶然たる思いの中にずるずる引きこまれてゆくのを、もうどうにも止めることができない……。

瞬間、大地がぐらりと揺れた。はっと我にかえって、危うく馬の背にしがみつく。気づいてみると雪の曠野《こうや》に自分ひとり。先刻まで傍で励ましてくれた父や兄の姿はすでになかった。

ときに一一五九年（平治《へいじ》元）十二月二十七日の夜更け——。これが、この日はじめて

歴史に登場した源 頼朝《みなもとのよりとも》の姿だった。

彼はそれまでの十二年の生涯に匹敵するほどの歴史を、この一日のうちに経験してしまった。父義朝《よしとも》の挙兵、初陣、敗戦、逃避行、そして落伍……。めまぐるしい変転に疲れきった彼は、東国へ落ちる道すがら、野路《のじ》（滋賀県草津市）のあたりで、つい馬の背に揺られながら眠りこけ、父たちにはぐれてしまったのである。

このとき彼の味わった陶酔感は、凍死直前の幻覚症状であったかもしれない。危うくその妖しげな誘惑を逃れたものの、彼を待ちうけていたのは、死よりも恐ろしい孤独だった。気の遠くなりそうな白魔の世界に取り残されたこの姿は、まさに象徴的というよりほかはない。その後稀有の命を長らえて約四十年間生きた彼は、動乱の歴史の中で、常に孤独の生涯を歩みつづけたのであったから。

頼朝が生まれたのは、一一四七年（久安《きゆうあん》三）、父は周知のとおり源義朝、母は熱田《あつた》大宮司、藤原季範《ふじわらのすえのり》の娘である。が、この場合、大宮司すなわち神官と考えるよりも、熱田神宮領を支配する中流貴族と見たほうがいい。『尊卑分脈』によると季範の家は藤原武《む》智麻呂《ちまろ》流で、すでにこのころ三河や尾張と何らかのかかわりを持ってはいたらしいが、当時の常として日常の生活は大部分都においてなされていたようだ。季範の他の娘は上《じよう》西門院《さいもんいん》や待賢門院《たいけんもんいん》に仕える女房だったから、頼朝の母自身も、おそらく宮仕えをするうち、義朝と結ばれるようになったのではないか。

同腹の姉が一人、弟が一人。姉を妹と見る説が多いが『吾妻鏡《あずまかがみ》』に出てくる没年からすると二歳年上である。弟は希義《まれよし》。ほかに異腹の兄弟は多いが、本当に同胞意識をもってつながっているのは、この三人だけだ。そのころのしきたりとして、男に複数の妻がいることはざらだったし、生まれた子供はほとんど母方で育つから、異腹の兄弟とは顔もあわせないことが多く、したがって兄弟意識は持てなかった。いや、時には彼らは恐るべきライバルになる可能性さえ持っていたことをつけ加えておきたい。

頼朝の場合、異腹の兄弟姉妹は計十人、中では彼は幸運な形で人生のスタートを切っている。彼の母は義朝の数多い妻のうち、最も家柄がよかったために、第一夫人とみなされていたからだ。当時の習慣でこの第一夫人に生まれた子供が長幼の序列にかかわりなく嫡男の扱いをうける。彼にも義平《よしひら》、朝長《ともなが》という二人の異母兄がいたが、生まれたときから彼らをさしおいて出世の道を約束されていた。今残る系図類は全部父系中心にまとめられているために、その間のニュアンスが捉えにくくなっているが、現実に子供の社会的な出世にあたっては母方の社会的地位や財力が大きくものをいう。だから父を同じくする兄弟でも母方の実力の差によって、まったく育つ環境が違ってしまう。

たとえば義朝の長男の義平は、東海道橋本宿の遊女を母としている。のちに相模《さがみ》の豪族三浦氏にかしずかれて鎌倉・逗子あたりで育ち、例の平治の乱に加わるまで都に姿を現わしていない。十五歳のとき三浦氏と組んで遠く武蔵《むさし》に遠征し、父の異母弟義賢《よしかた》の首をあげて勇名を馳せた。そのかわり坂東育ちだから、中央の官職などにはありついていない。

頼朝は彼とは対照的な都育ちで、十二歳で元服すると皇后宮権少進《こうごうぐうごんのしょうしん》という官職を得ている。これは皇后宮職の三等官で、まず中流貴族の子弟の官界への出発点としては悪くはない役どころである。今残る肖像画に見るように、かなりみめかたちのすぐれていたらしい彼であってみれば、たぶんみずみずしい小冠者ぶりであったろう。いかにも貴族の少年らしい彼の元服姿を、父義朝は、きっと眼を細めて眺めていたに違いない。

そういえば義朝は少年時代こんな晴れがましい官界へのデビューはしていない。十二歳の頼朝がともかくも貴族の子弟なみのコースを歩みはじめたのは、父義朝の働きのおかげである。その二年前の保元《ほうげん》の乱において、彼は後白河《ごしらかわ》天皇側について大功をたてた。それによって自分も昇進の道をつかむとともに、嫡男頼朝を出世コースにのせることができたのだ。こんなとき、長男義平をさしおいて、まず頼朝が官界への道を歩みはじめたのは、とりもなおさず、母方の実力の差によるものである。

父も中流貴族、母方も中流貴族、そして自分もまた……。このままゆるやかな時の流れが続いたなら、彼は可もなく不可もなく、その社会の一員として、平々凡々たる生涯を送ったかもしれない。ところが、こうした貴族のお坊っちゃま然とした生活はそう長続きはしなかった。彼が権少進に任じられた翌年、早くも平治の乱が起こるのである。

平治の乱は、保元の乱の勝利者内部に起こった主導権争いである。後白河の側近である信西入道《しんぜいにゅうどう》と藤原信頼《のぶより》が対立し、それぞれ平清盛《たいらのきよもり》と源義朝と組んで戦った。はじめ信頼側は清盛の熊野《くまの》詣での留守をねらって兵を挙げて信西を殺し大いに気勢をあげた。

このとき、異母兄の義平や朝長とともに父に従って参戦した頼朝は、乱後の除目《じもく》で従五位下、右兵衛佐《うひょうえのすけ》に任じられたが、急を聞いて引き返してきた平家側に破られ、父ともども都落ちを余儀なくされる。死すれすれの雪中行進はこの合戦の夜のことである。

途中、義朝は年弱な頼朝をたびたび気づかったようだ。義平、朝長はじめ数騎を連れて東国へ向かう雪の中でも、時々人数を確かめて落伍を防いだのだが、昼の戦さの疲れで、十三歳の少年は、とうとう馬上で居眠りを始めて一行からおくれてしまった。

しばらくしてそれと知った義朝は腹心鎌田正清《かまたまさきよ》を引き返させる。が、深雪の中では正清もなかなか頼朝にめぐりあえない。一方の頼朝はあわてて馬を早めて、やっと守山まで来たところで、平家の命をうけて落人《おちうど》を探していた源内真弘《げんないさねひろ》という男に見つけられてしまった。

「そこへ行くのは落人とみえた。止まれ」

馬の口を捉えられて、少年の運命はきわまったかにみえた。

が、このとき、頼朝は年に似合わぬ度胸を見せる。

「いやいや謀叛人ではない。合戦などあって都も騒がしいので、難を避けて田舎に下ろうとしているところだ」

「嘘をつけ」

真弘はじろりと頼朝のいでたちを一瞥した。このとき頼朝は先祖の八幡太郎義家《はちまんたろうよしいえ》以来源家に伝わる「源太が産衣《げんたがうぶぎぬ》」という鎧《よろい》を着ていた。胸板に天照大神・正八幡宮をあらわし、袖には藤の花のかかったさまをおどした鎧だというから、一見してこれは尋常のものではないとわかるいでたちである。

――おそらく、源氏の公達《きんだち》に相違あるまい。

こう踏んだ真弘は少年とあなどって力ずくで馬から抱きおろそうとした。瞬間、頼朝は鐙《あぶみ》を踏んばり、馬上で突立つようにして渾身の力をこめて太刀をふりおろす。

「通せっ。通せと言うにっ」

この太刀も、義家以来相伝の「鬚切《ひげきり》」という逸物だったという。狙いあやまたず太刀は真弘の頭を割る。騒ぎに驚いて駆けつける宿《しゅく》の雑人どもを尻目に馬に鞭をくれて雪煙あげ、彼はその場を走り去る。やっと野洲《やす》河原まで来たところで頼朝を探しながら戻ってきた正清にめぐりあい、ともども馬を駆って鏡《かがみ》の宿で一行に追いついた。

「どうした、どうした」

義朝が声をかけると、頼朝は言った。

「申しわけありません。うかつに馬眠《うまねむ》りをしておくれてしまいました。途中で雑人どもにとりかこまれたときは、もう駄目かと思いましたが……」

「して、人を切ったか、切られたか」

せきこんで義朝は尋ねる。

「もう少しでつかまえられるところを、この鬚切で相手を二つ切りにし、他を蹴散らしてまいりました」

頼朝の答えに父の頬はほころぶ。

「ほほう、よくやったなあ。そんな折にはとてもそこまではできぬものだが」

傍らの義平はいささか不満顔だ。

「十二、三にもなって、こんなとき馬眠りするという奴があるか。俺なんぞは十五の年にはもう大将になって叔父の義賢を討っているんだぞ」

義朝はなだめるように言う。

「そうとも、それは立派だが、なにしろ頼朝はまだ十三なんだからな。十四、五になれば、お前に劣らぬ大将にもなれるさ」

敗戦の折も折だけに、父性愛のにじみ出た義朝の言葉は心を打つ。これは『平治物語』の中の一節である。

その後、義朝は落伍を防ぐため足弱の頼朝を先頭に雪の中を進んでゆくが、ついに頼朝は再度父たちにはぐれてしまう。義朝一行は美濃《みの》の青墓《あおはか》に着き、ここで義平は越後《えちご》へ、朝長は信濃《しなの》へ下って再起を図るように命じるが、それまでに受けた矢傷が重くなった朝長は、青墓に戻ってくる。敵の手にかかるよりも、と義朝は涙ながらにわが手にかけ、尾張の内海《うつみ》まで下るが、そこで代々の家人《けにん》だった長田忠致《おさだただむね》に裏切られて殺される。

一方の頼朝は、どうしたか。人びとにおくれて、雪中をさまよいつづけて、ふと行きずりの小屋の軒下に身をひそめて中の様子を窺うと、

「このあたりに源氏の落人がいるだろうから、探し出して平家に差しだし、恩賞にあずかろう」

などという話し声が聞こえる。身の縮む思いでその場を離れ、ある谷川のほとりで、もう自殺するよりほかはない、と覚悟をきめたとき、一人の鵜飼に出会った。

「もしや、源氏の公達では？」

と声をかけられたが用心して黙っていると、

「おかくしなされるには及びませぬぞ。いま平家方の侍が探索しながら里に下ってゆきましたからな。御用心あれ」

と言ってくれた。頼朝はその言葉にすがるようにして救いを求め、鵜飼の厚意でその家にかくまわれて急を逃れ、その後女装してやっと青墓に辿りついた。

二度にわたる危機脱出——いずれも『平治物語』にある話なので物語的脚色がなされ

ているとは思うのだが、ともあれ頼朝が雪中で落伍しながら稀有の命を長らえたことだけは事実である。ふしぎなことだが、この人物は、不運に陥ったとき、奇妙な運強さを発揮する。それも、孤独にぎりぎりの悪条件におかれたところで、ぱっと運が開ける、というのはいかなる星の下に生を享けたことによるのか。もし、彼が落伍もせず命を長らえ、父と行をともにして内海に行っていたら、長田忠致に首を挙げられていたかもしれない。このとき青墓まで義朝に同行した朝長は父に命を絶たれ、義平も結局捕えられて殺されている。その間、彼は雪に埋もれ、危難をやりすごした。人間にとって孤独は恐ろしいことだが、しかし孤独に道を切り開くことによって、彼は運をつかむのである。

この運強さが最も効果的に働くのは、その後平家方に生け捕られたときだ。すでに周知のことなのでくわしい事は省略するが、青墓にいることを探知されて捕えられた彼は、清盛の継母、池禅尼《いけのぜんに》の命乞いによって、奇蹟的に命を助けられて伊豆国《いずのくに》に流される。これも、禅尼がさきに亡くした子供の家盛に生き写しだったという、まことに偶然ともいうべき事情によってである。

これらの話を通して感じられるのは、頼朝という人間に備わっている運のおもしろさだ。彼は義平のような武勇の人ではない。平凡な中流貴族を母として生まれた、おっとりした少年で、決して人を押しのけて頭角を現わすといった性格ではなかったようだ。だからもし、平治の乱もなく平穏な時代が続いたら平凡に手堅く中流官吏の道を歩んだにすぎなかったかもしれない。平家一族――忠盛《ただもり》に見るような抜けめのなさや、清盛のような大胆な政治的アイディアの持主ではないのである。

そのかわり、雰囲気として、一種の素直さ、飾らない無邪気さのようなものがあって、何となく手を貸してやらなければいられないようなところのある人間ではなかったかと思う。義朝のかわいがりようには、年弱だというだけではないものが感じられるし、鵜飼も、池禅尼もそれに心を動かされたとはいえないだろうか。鵜飼の前でも彼は正直に義朝の子だと名乗って助けを乞うているし、最後に捕えられたときも平家の家人に、

「命は惜しい」

と言っている。「亡き父や兄の後生を弔うために」という言い訳つきだが、しかし、

「覚悟はできている」

といった芝居がかったけなげなゼスチュアはできないたちなのである。

いわば風呂から上ったら裸で突立ったままでいるような、まわりがよってたかって体をぬぐい、着物を着せてやらずにはいられないような、そんなものが身についている。これは日本の歴史に名をとどめる人物――信長、秀吉、家康などとは一種異なったキャラクターではあるまいか。そしてこのキャラクターによって、二十年後彼は歴史の中に奇蹟のよみがえりをみせるのである。

流謫の歳月

平治の乱の翌年の春、頼朝は伊豆に下った。今、中伊豆のあたりに、彼のいた蛭《ひる》が小島にその旧蹟の碑がある。ふつう流人は国府の庁から監視のできる所におかれるらしい。菅原道真《すがわらのみちざね》や崇徳《すとく》上皇の配所はその例だが、蛭が小島から伊豆の国府、三島《みしま》までは、やや離れている。この点多少疑問がないこともないが、さりとてこれを打消す根拠もない。伊豆における行動は比較的自由だったようだから、細かい点までこだわる必要はないのかもしれないのだが。

流人・罪人という言葉のイメージからは、みじめな生活を連想しがちだが、彼の日常生活はさほど窮屈なものではなかったらしい。寝ること食べること、乗馬、狩猟などには、制限はない。禁じられているのは財産（所領）を持つこと、家来を持つこと、伊豆の国外へ出ること、公的な官職を持つこと。――つまり社会人としての生活を否定された飼い殺し的生活を強いられていたと見ればいい。

家来を持てぬといっても、それは表向きのことで、日常の生活の面倒を見てくれる私的な家来にまで事欠いたわけではない。主として頼朝の側近にいたのは幼時に彼を育てた乳母《めのと》の子供たちである。

当時の乳母という存在は、今では想像もつかないくらい重要な意味を持つ。天皇家、あるいは公家・武家などのしかるべき家に子供が生まれると、有力な家臣の妻が競って乳母につく。この意味では実母は生みっ放しに近く、乳母は実母の家に住み込んだり、あるいはわが家に若君を連れていって、養育に専心する。このときは乳母の夫（彼も乳《め》母夫《のと》と呼ばれる）や子供（乳母子《めのとご》）も家をあげてこの若君に奉仕する。有力な家の子弟の場合は乳母も一人とは限らない。複数の乳母がつく場合もざらにある。乳母については、「比企尼《ひきのあま》と阿波局《あわのつぼね》」の章でもう少しくわしく触れるつもりだが、ともあれ、当時の有力者の家の嬰児《えいじ》は乳母族ともいうべき集団にかこまれて育つのがふつうだったのである。そして、その子が成人して、しかるべき地位についた場合、乳母およびその一族が側近第一号として、蔭の実力者の地位を獲得する、というのが当時のお定まりコースであった。

頼朝にもわかっているだけで四人の乳母がいる。十二歳で皇后宮権少進、十三歳で右兵衛佐へと出世した彼を、乳母たちは希望に胸ふくらませて仰ぎみたことであろうが、平治の乱の惨敗によって、それらの夢はあっけなくしぼんでしまった。ただしそうなっても乳母たちは、決して若君を放りだしはしない。ここが乳母という存在が、利害打算を底に据えながらも、それを超えた心情的一体感によってつながれているおもしろいところで、伊豆に流人となった彼を支えたのは、じつに彼女たち乳母集団なのである。

中でも比企尼といわれた女性は、頼朝の配流がきまると、夫ともども所領である武蔵国比企郡に下り、生活の資を送りつづけ、夫の死後も奉仕は変わらず続けられた。実際に頼朝の許へ物資を運び、身辺の世話を受持ったのは彼女の娘の婿たちで、この中では安達《あだち》（足立）藤九郎盛長《とうくろうもりなが》が最も頼朝に密着しているようだが、尼の甥で猶子《ゆうし》になった能員《よしかず》や娘婿の河《かわ》（川）越重頼《ごえしげより》、伊東祐清《いとうすけきよ》なども、何らかの形で頼朝と接触を持ったと思われる。

その他の乳母としては下野《しもつけ》の豪族八田宗綱《はったむねつな》の娘で、同じ下野の豪族小山政光《おやままさみつ》に嫁いだ寒河尼《さむかわのあま》といわれた女性もかなり頼朝の支えになったらしく、頼朝が東国の覇者となった後で広大な所領を与えられている。

もちろんすべての乳母が頼朝に忠実だったとはいえず、相模の豪族、山内俊通《やまのうちとしみち》の妻となった山内尼などは比較的疎遠だったのだろうか、その子経俊《つねとし》は、旗揚げの折には頼朝の誘いにも応ぜず、むしろ平家方について頼朝を攻めている（その罪によって斬罪に処せられるところ尼の懇願によって命を助けられてのち家人に加えられたが）。

この他異色は、名前も伝わらない某女で、彼女の消息は伝わらないが、その甥、三善《みよし》康信《やすのぶ》が都で下級官僚として仕えるかたわら、こまめに中央での政治の動きを頼朝に伝えてきた。彼はのちに平清盛の娘の徳子《とくこ》が入内《じゅだい》すると、その中宮職の属《さかん》（四等官）になっているから、上層部の情報にも通じていたようだ。頼朝は自分自身は伊豆の外に出ることは禁じられていたとはいえ、辺土にあっても中央の情報にはけっこう不足しなかったのである。

これに比べて、頼朝と母の実家熱田大宮司家との関係はさほどではなかったようだ。平治の乱の前年すでに頼朝の母が死没したこともあって、乳母一族のように積極的援助を行なった気配はない。ただ伊豆下りにあたって、母の兄弟にあたる僧の佑範《ゆうはん》が供人をつけてくれた。頼朝はこれを感謝し、世に出てから彼にしかるべき恩賞を与えたりはしているようだが……。こうした経緯を見ると、当時の乳母が実母以上に若君と親しい間柄にある実態が、おのずと浮かび上ってくる。

ともあれ、これらの物質的・精神的援助をうけながら、頼朝の伊豆における歳月は流れてゆく。その間二十年。一方平治の乱で勝利を得た平家はその間に廟堂を独占する勢いをしめす。それらの情報を三善康信から得ながら過ごしたその時間が、頼朝の人間形成に何らの翳《かげ》も落とさなかったとは考えられない。

常人なら、かつてのライバルの天井知らずの出世ぶりに絶望し、自棄に陥るところである。平家の栄華が続くかぎり、彼の未来はまったく閉ざされてしまっているのだから。その中で彼は飽きもせず一門供養の経を読み、乗馬や狩にあけくれている。

結婚遍歴―伊東祐親の娘から北条時政の娘へ

この時期わずかに彼の周辺をいろどるのは女性問題であろう。もちろん恋愛の自由は与えられているから、年頃になると彼は近くの女性に近づきはじめる。「右兵衛佐」という肩書はすでに過去のものとなってはいるものの、伊豆の辺土にあっては、なかなかのお値打ちものである。なにしろ、この国には、中央の役所の佐《すけ》（次官）などという肩書を持つものは一人もいないのだから。せいぜい中央の貴族にごまをすって手に入れるのは右馬允《うまのじよう》、兵衛尉《ひようえのじよう》といった三等官どまり。都でこそ右兵衛佐は中流官僚だが、伊豆に来ればやはりひときわぬきんでた貴種なのであった。

加うるに、彼の挙措動作は、後年右大臣藤原兼実《かねざね》も感服するほど優雅なものであったらしいし、その上、周囲が何かしてやらずにはいられないような雰囲気を持った青年であったとしたら、たちまち伊豆の土臭い娘たちの憧れの的になったであろうことは想像にかたくない。

しかし、無責任な性の火遊びならともかく、結婚ということになれば、事はたやすくはゆかなくなる。そのころの社会には、目に見えない横割りの区分がかなりはっきり存在していて、できればその枠内に収まる結婚が望ましかった。たとえば父義朝を例にとるならば、相手にした女性はさまざまだが正式の第一夫人となれば熱田大宮司家の娘を選ぶ、というような具合である。義朝は周知のように、常盤御前《ときわごぜん》との間に今若《いまわか》、乙若《おとわか》、牛若《うしわか》の三児をもうけるが、常盤は美貌であっても九条院の雑仕女《ぞうしめ》だから、身分的には大宮司の娘とは比較にならない。頼朝自身も、父の第一夫人たる母と過ごした生活を知っているから、なろうことならそういう結婚を、と思う心は強かったであろう。

しかし、流人の今となっては、父ほどの相手は望むべくもない。が、さりとて領地も持たない土民の娘とでは話にならない、という意識は多分に彼の中にはあったはずだ。そこでまず目をつけた対象は、伊豆の第一人者、伊東祐親《すけちか》の娘だった。

さきに触れておいたように、比企尼の娘の一人は、この祐親の息子、祐清に嫁いでいる。この娘の姉か妹が、安達藤九郎盛長の妻として頼朝にかしずいていたはずだから、たぶんこのあたりの線から、伊東の娘への働きかけが行なわれたものと思われる。

頼朝はこの娘の許にしげしげと通って、二人の間には子供まで生まれたが、娘の父祐親の反対で仲を割《さ》かれ、その子供さえ殺されてしまった。伊豆の有力者として平家一門に接近していた祐親としては、反平家の立場にある頼朝を婿にするわけにはゆかなかったのだろう。一説によると、このとき祐親は怒って頼朝をも殺そうとしたが、祐清の内通によって、危ういところを脱出したという。ぎりぎりの危機に追いこまれては、人の助けを得て命びろいをするという彼の宿命は、恋の世界にまでついてまわった。

伊東の婿になることに失敗した彼が、次に目をつけたのは中伊豆の小豪族、北条時政《ほうじようときまさ》の娘、政子だった。蛭が小島が頼朝の配所だったというのが真実だとすれば、北条氏の所領とは目と鼻の先。それをわざわざ伊東へ出かけ、そこでの恋が不首尾に終わってから改めて近づいたという経過をみると、頼朝が、さほど乗り気だったとも思われない。当時の北条氏が、伊東に比べると所領も少ない小土豪にすぎなかったことを思いあわせれば、伊東で懲りた頼朝が、諦めて一ランク下げた、という気配がある。

もっとも相手の政子のほうは一気にのぼせあがった。流人とはいえ、源氏の嫡流の佐《すけ》どのに見染められたとあれば、田舎娘はいい加減うっとりする。とりわけこのとき政子は二十歳前後、当時としてはむしろ結婚年齢を過ごしてしまった感があり、あせりも手伝ったかもしれない。もっとも頼朝のほうも三十歳がらみ、十五くらいで結婚することが当然のそのころとしては、かなりの晩婚だった。

この結婚を北条氏または政子の政治的野心からの結びつきと見るのは適当ではない。二人が結ばれたころ、まだ平家は昇り坂の途中にあった。高倉《たかくら》天皇の許に入内した清盛の娘、徳子はまだ皇子を生んではいない。その意味では、平家一門の権力は安定期には入っていなかったが、それだけに、一族呼応して栄光の階段を駆け昇ろうとして、最も気力充実した動きを見せている時代だった。

したがって頼朝の未来はまったく塞がれている。将来平家を討つようになろうなどとは夢にも考えられない。飼い殺し状態はこれから先、死ぬまで続くとしか思われなかった。だからこのとき、北条時政はこの結婚に反対している。これにからんで有名な伝説がある。時政は伊豆の目代《もくだい》(国守代理)、山木兼隆《やまきかねたか》に政子を嫁がせようとし、これに逆らった政子が婚礼の晩にひそかに脱けだして頼朝の許に走ったというのだが、じつをいうと、この話には信憑性がない。

何となれば、確実な史料によると、山木兼隆が伊豆へ来たのは、例の頼朝の旗揚げの前の年で、このときすでに頼朝と政子は結ばれている。しかも兼隆は流人として流されてきたのであって、その上、彼が、伊豆の目代になるのは、挙兵直前のことなのだ。話としてはまことにドラマチックなので、私自身も小説の中ではそのまま使っているが、一応ここでお断りしておく。真実をいえば、時政の反対は兼隆のせいではなく、頼朝が一介の流人であって、婿に迎えても、何一つメリットがあるとも思われなかったからである。

が、政子はそれを押しきって頼朝との結婚に踏みきってしまう。それだけ政子は頼朝を愛していたのだろう。東国女らしい向うみずな恋である。やがて二人の間には長女——大姫《おおひめ》が生まれた。それから数年後、思いがけなく世の中の流れが変わってきた。

挙兵の「旗」として

歴史というものはふしぎなもので、強いものが永遠に強く、弱いものが永遠に弱いとは限らない。栄えるものはいつか滅びのときが来るし、敗者もまた復活する可能性がないわけではない。しかもこうした変化はじつに複雑な形でやってくるので、いつ変わったとも気づかないうちに変わってしまう。人間は自分がその営みに関係しているくせに、そのあたりが納得できなくて、歴史の変化というと、紙芝居のように一枚の絵からぱっと図柄の変わった次の絵に移るような移り変りを思いうかべてしまう。が、真実は決してそのようなものではない。そのことをはっきり思い知らせてくれるのは、一一八〇年(治承四)前後の平家政権のあり方である。その数年前――頼朝と政子が結婚してしばらくすると、清盛の娘徳子は皇子を生む。やがてこの皇子は立太子し、即位する。安徳《あんとく》天皇がこれである。それによって平家政権はいよいよ強固になったかに見えるのだが、じつはこうなったときに反平家の機運は最高潮に達する。弱いころならいざしらず、強くなったときに抑えかねるほどの反発が強まるというのは理屈にあわないようだが、じつはそれこそ歴史の本質であり、歴史の中では栄えと滅びが一つの時間を共有しているのである。

もちろん、これまでも平家が昇り坂になればなるほど、周囲の反発は強くなっている。鹿ケ谷《ししがたに》での平家討滅の陰謀事件などもその例だが、おそらくこれらの情報は、三善康信の手によって、逐一頼朝の許にもたらされていたことだろう。

そして安徳天皇即位を機に、さらに大きなクーデターが起こる。この即位に不満を持つ後白河の皇子以仁王《もちひとおう》を中心にした源頼政《よりまさ》らの挙兵がそれである。このとき、以仁王は全国の源氏に決起を促す令旨《りょうじ》を廻している。もちろん伊豆の頼朝の許にもそれはもたらされた。ときに一一八〇年四月二十七日、いよいよ時は近づいたのである。

頼朝はこれをうやうやしくうけた。しかしすぐには起とうとはしなかった。起とうにも手勢一つない流人の身ではどうにもならなかったというのが正直のところだろう。頼りになるのは妻の実家の北条氏だけ。それも情けないほどの小土豪とあっては身動きもできない。と、こうするうちに令旨を発したはずの以仁王自身も平家に攻められてあえなく自害してしまった。令旨到着の一月後、五月二十六日のことである。

どうやら嵐は頭の上を吹きすぎてしまった感がある。しかしこれには大きな余波があった。以仁王の令旨の配られた先を、平家はしらみつぶしに調べはじめたのだ。これを知らせてくれたのは、例によって三善康信の使者である。事は重大とあって康信はこのときわざわざ弟の康清《やすきよ》をさしむけてきた。

「以仁王の令旨を受取った者はすべて追討することにきまったようでございます。とりわけ君は御嫡流。御用心が肝要でございます。ひとまず奥州へでも逃げられたら如何《いかが》？」

にわかの状《さま》変りに頼朝の身辺は慌しくなった。奥州へ脱出——といわれても急に飛び立つわけにもゆかない。三島の国府の監視は続けられているし、悪いことに近くにいる山木兼隆がここにきてにわかに伊豆の目代におさまりかえったから、行動はいよいよ窮屈になった。じつはそれまで伊豆は源頼政の子の仲綱《なかつな》が国の守《かみ》をしていたのだが、挙兵と同時に国の守を免ぜられ、平時忠が知行国《ちぎようこく》としてあずかり、兼隆を目代に任じたのだ。

さてどうするか——。またしても頼朝は危機に直面させられる。と、その数日後、今度は三浦義澄《よしずみ》と千葉胤頼《たねより》が都からの帰りだといって立ち寄った。彼ら東国武士には「大《おお》番《ばん》」という京都警固の役がある。手勢を引きつれて衣・食・住自分持ちで三年間勤めるというわりにあわない義務であるが、東国が半ば西国の植民地化していたそのころ、いかなる有力武士もこれを免れるわけにはゆかなかった。

義澄も胤頼もこれを勤めての帰途だが、じつは単なる御機嫌伺いではなかった。大番で滞京中、ちょうど彼らは以仁王の挙兵事件に遭遇した。もちろん官兵（事実上は平家の手勢）としての義務が課せられている以上、以仁王攻めに加わったわけだが、彼らの実戦体験からの報告は、康信とは少し違うものだった。

「平家の世はもう長いことはありませんな」

これが彼らの体験的結論だったらしい。平家に対する反感は都にも満ち満ちている。

本気で平家のために働いているものはいない。

——だから。

と彼らは頼朝にすすめたに違いない。

「起つなら今でございますぞ、佐どの」

もちろん『吾妻鏡』にはそこまで書いていないが、この日の密談は大きな意味を持つ。頼朝の決心が最終的にきまったのは、じつにこの日ではないか、と私は想像している。なにしろ三浦はすでにさきに触れたように、義平をかついで武蔵まで攻め入った経験がある。さらに溯れば、先祖八幡太郎義家たちとともに奥州攻めに行った歴史も持っている。たぶん義平をかついでの軍事行動は、彼らが義平の乳母だったからだと思うのだが、これだけ深いつながりのある彼らは、もちろん平治の乱にも出陣して義朝とともに敗戦を経験している。頼朝の所に現われた義澄はすでに五十過ぎ、彼にとって平治の敗戦の経験は、十三歳の頼朝とは別の痛みをもって、二十年間胸に刻みつけられていたことであろう。

二十年という歳月は、一面とほうもない長さであるとともに、ごく短い時間でもある。一九四五年、敗戦を経験しているだけに、現在のわれわれは、「戦後二十年」ともいうべきその折の状態が、わりあい理解しやすいのではないかと思うのだが……。

挙兵か脱走か、令旨や康信の報告で左右に揺れていた頼朝の心はここで固まったと思う。具体的なかなり突込んだ相談もこのときなされたのではあるまいか。

――挙兵と同時に目代山木兼隆を殺す。そのまま、三浦の本拠に近い鎌倉へ移るが、万一失敗したら千葉へ。

というのが作戦のあらましだったのではあるまいか。決心を迫って義澄たちはやがて頼朝の許を辞した。なお、このとき立ち寄った義澄は、総帥三浦義明《よしあき》の次男。長男はすでに戦死しているし、義明は八十九歳の高齢だから三浦軍団の実質的統率者である。三浦氏は鎌倉の南東に突き出す三浦半島を版図におさめた中規模の武士団で、北条氏に数倍する兵力を保っている。

千葉はいうまでもなく下総国《しもうさのくに》随一の武士団で、在庁官人として介《すけ》（次官）の肩書も持っている。三浦とは姻戚関係もあり、現在の東京湾を隔てて交渉も頻りである。兵力は三浦をさらに上廻るものを持っていたと見ていい。総帥は胤頼の父常胤《つねたね》だが、胤頼もすでに働き盛りに達している。

さらに三浦は相模中央部の平地を掌握する中村氏とも婚姻関係にある。義明の弟（義澄の叔父）の義実《よしざね》が中村氏の娘の婿となり、岡崎（平塚市）に住んでいるのだ。義実の妻の兄弟が土屋宗遠《つちやむねとお》、土肥実平《どひさねひら》で、実平は現在の湯河原から真鶴半島を押え、地理的にも伊豆に近く、すでにこのころまでに頼朝や北条一族にも近づいていたらしい。

おもしろいことだが、こうした顔ぶれを眺めてみると、北条が伊豆半島、土肥が真鶴半島、三浦が三浦半島、千葉が房総半島と、いずれも関東の太平洋岸に本拠を持つ武士団であることに気がつく。今より海上交通が重い比重を持っていたそのころのこと、彼ら相互の往来もかなり頻繁であり、また海伝いに都の情報もいち早くつかんでいたのではないか。このことが彼らに時勢を見抜く眼を与え、山寄りの武士団の持つ保守性をふり払って、新時代を開くために頼朝に賭けてみようという気を起こさせたのではないか、と私は想像している。

頼朝は三浦、千葉の来訪の数日前に、東国武士団に決起を促す使者を出したと『吾妻鏡』は書いているが、この日付にはいささか疑問を持つ。むしろ真相は三浦、千葉にすすめられての挙兵だと思うのだが、頼朝に主導権を持たせるために、使者の出発を彼らの来訪の前のように『吾妻鏡』は書いているのではないだろうか。もっとも結果的にはどうでもよいことで、このとき使者に立った藤九郎盛長の東国武士団への勧誘は成功していない。頼朝の乳母子の山内経俊、おそらく朝長の乳母子と思われる波多野《はたの》義常《よしつね》らは、藤九郎の話に耳を傾けるどころか、鼻先であしらって追い返してしまった。

そうこうしているうちに、康信の知らせにたがわず、頼朝の身辺への探索が具体化してきた。平家の命をうけた大庭《おおば》景親《かげちか》が東国の武士を糾合して襲いかかってくるという。もう猶予はならない。手勢をまとめて八月十七日に山木兼隆を討ち、相模に向かう、と作戦をきめた。旗揚げ、といえば景気はいいが、いわば追いつめられての脱出作戦である。心情的には反平家の念に燃えていたかもしれないが、計画的なクーデターというより、頼朝にあっては、まずふりかかる火の粉を払うことが急務だった。もちろん巨視的に見れば、その背後には、長年隷従を強いられてきた東国武士団の西国国家への反発があり、それこそ彼らを突き動かした基本的パワーであって、これは偶然の産物では決してない。その意味では、偶発的な事件ではなく、十分に歴史的根拠を持つ挙兵ではあるが、この際、歴史的評価をうけねばならないのはまさに彼らの動きであって、頼朝はその行動の統一的シンボルとして迎えられたといったほうがいい。その意味で、このときの事件を「頼朝の挙兵」と呼ぶのは適切ではないのだが、しかし、彼自身に視点を据えるならば、事件は、おもしろいほど彼の宿命にふさわしい経過を辿る。

このときも彼は周囲に面倒を見られ放しなのだ。先頭に立って動くよりも、まわりがどんどんお膳立てをすすめてくれる。その中で彼はごく自然に振舞う。じつは当初十七日早暁だった山木攻めの計画はずるずると日延べになっている。頼朝の頼りにしていた佐々木兄弟の到着がおくれたからだ。この若者たちの父秀義《ひでよし》は近江《おうみ》に本拠を持つ宇多《うだ》源氏だが、義朝とともに戦ったため所領を召しあげられ、相模の豪族、渋谷《しぶや》氏の扶持をうけて二十年間を過ごしたという、そのころでは稀な源氏びいきの武士である。彼の息子たちもその間に成長し、頼朝の私的な臣下として足繁く出入りしていた。挙兵の計画を聞くなり、武装をととのえてくるといって勇んで渋谷へ戻った彼らだったが、期日が過ぎてもいっこうに顔を見せないために、頼朝は気を揉みはじめたのだ。

「しまったな。あいつらが身を寄せる渋谷は平家方だからな」

ふんぎりがつかないために挙兵も延期になった。気ぬけすることおびただしいが、そんなことはおかまいなしだ。やっと佐々木兄弟が姿を現わすと頼朝は涙を流して喜ぶ。これまでも決起を誓った面々の一人一人に、

「そなただけが頼りなのだからな」

手をとらんばかりにして、ぬけぬけとそれを繰返している頼朝なのである。それでいて狡猾にも卑屈にも見えないところが、彼のお値打ちで、大真面目にそう言われてしまうと、相手は、どうでもこの人のために命を捧げて働かねば気がすまなくなるらしい。

考えてみれば、頼朝はこのとき、東国に一尺の土地も持っていたわけではない。土地争いともなれば目の色を変え、それと引替えでなければ戦う気になれなかった当時の武士たちに奇妙な魔法をかける術を頼朝は心得ていたのか。

いや、そうではないだろう。むしろ彼は無策である。が、そのかわり肩肘張って大将ぶらない。これは源氏の嫡流という血のおかげである。加えて、都でともかくも貴族としての生活を経験している彼の物腰が、荒くれた坂東武者に異人種を見るような思いを起こさせたのかもしれない。しかも一見無邪気そうに見えても二十年の流人生活で耐えることの意味を知りつくした頼朝である。おいそれとは腹の中まで見せない用心深さも

持ちあわせていて、それが彼に何とはなしに重みをつけている。その意味では、気張らないでも、おのずと彼には大将の風格が備わっていたのである。

周知のように山木攻めはみごとに成功するが、その後彼らは大庭景親を総大将とする平家側の武士団と石橋山で対決して惨敗を喫する。ここでも危うく平治の乱の二の舞を思わせるところまで追いこまれるが、例の命強さでやっと切りぬける。それもここ一番と踏んばって危機をはねのけたというのでは決してない。むしろ、その間には正直に心細そうな顔もし、頼りなげなことも口にするのだが、周囲が必死で彼を守り通してくれるのだ。軍事的才能はあるとはいえないが、それを補う棟梁的な器量のゆえに、彼は今度も危地を逃れ、土肥実平の奔走で真鶴岬から海路房総へ逃れる。これは頼りにしていた三浦一族も畠山重忠《はたけやましげただ》に破れて本拠を放棄し、房総半島へ逃れたためだが、千葉氏や安房の安西氏あたりとは、万一の場合はこう、と打合せずみだったのであろう。というのは、敗軍の将にしては、その後の再起があまりにも手廻しよくいっているからで、これこそ「頼朝の旗揚げ」ではなくて、東国武士団の旗揚げだったことを証拠づけるものなのだが、もちろん頼朝の存在がまったく無意味だというのではない。彼は合図の「旗」なのである。そして、それ以後、常に彼は「旗」としての役を勤めつづける。

頼朝の東国入りをきっかけに、ともあれ、東国には一種の雪崩現象が起きる。平家政権の息のかかった各国の目代たちは、山木兼隆同様殺されるか追い出されるかした。東国における国衙《こくが》権力は完全に打倒されたのだ。今まで目代の顔色を窺い、そのお情けによって国府の然るべき役を与えられることに汲々としていた東国武士はここでがらりと態度を一変した。この時期の持つ大きな意義はここにある。彼らがそこまで踏みきるために「大義名分」として利用したのは以仁王の令旨である。そしてその令旨を捧げる頼朝その人である。王はすでに死んでいるが、そんなことには目をつぶってしまえばいいのだ。ともかく平家政権に優先する権威として彼らはとことんこれを利用したわけなのだ。もっともその後まもなく、頼朝は西国政権と妥協し国司の任命を求めている。このことから、この時期の国衙権力打倒を一時的暴発と見る見方もあるが、現実には西国側が国司を任命する場合、末端までの機構を抑えこんでしまった東国武士の意向を無視した人事はできようはずがない。やはりこの時期の目代打倒は大きな意味を持つし、しかも彼らが将門のような暴力的叛乱軍でないことを主張するためには、以仁王の令旨をふりかざす頼朝の存在が絶対必要だった。そして以後、頼朝は西国と東国武士団との間に立って微妙な役割を果たしつづける。私の「旗」というのはこの意味である。しかも、その役割に従って、彼はみごとな演技をしめす。平家か頼朝かと去就をきめかねつつやってきた上総《かずさ》第一の豪族上総介広常《ひろつね》に対し、彼は傲然とその遅参を責める大芝居をやってのけて、広常を心服させてしまう。挙兵の時一人一人の手をとらんばかりにして協力を懇請したのとは何たる違いであろう。頼朝は一月の間に「旗」として立派に成長している。

王者の条件

平治の乱以前の少年時代を別とすれば、この時期で彼は人生のちょうど前半を生きたことになる。ときに三十四歳、伊豆配流以来二十年経っている。残るのは二十年たらずの歳月だが、このときを機に彼の人生は大きく転回したかに見える。一介の流人から東国の王者へ。前半生に襲いつづけた生命の危機はついにその後彼を訪れることはなかった。東国の「旗」らしい貫禄も十分ついてきている。

が、仔細に見るならば、彼の本質の部分はさほど変わっていないようでもある。自分からは何もせずに、周囲が世話を焼かずにはいられなくなるというあたりはまったくそのままだ。ただ違うのは、これまでは何やら「世話を焼いて貰う」という趣きだったのが、以後は彼のほうで「世話をさせてやる」というふうになったことだろうか。

が、これは、あるいは王者にとっては必須条件なのかもしれない。中世の草創期ともいうべきあの時期、彼が「旗」として大過なく二十年近くを過ごせたのも、ひとえにその独自の才能による、といってもいい。とかく人の上に立つ人間の中には、隅々まで自分が眼を通さなくてはすまないタイプが多い。後醍醐天皇や豊臣秀吉がそうだが、こういう人間の下では有能な補佐役が育たない。これに比べると徳川家康の組織の使い方がなかなかうまいが、これは彼が『吾妻鏡』を愛読し、その祖型を頼朝に求めたからだろう。そのお手本である頼朝はもっとみごとである。

彼の世話のさせ方のうまさは一口にいえばバランスのとり方にある。東国武士団を一応傘下におさめ、鎌倉入りした後、彼は人事の手始めとして、和田義盛《わだよしもり》を侍所《さむらいどころ》の別当（長官）に任じている。この侍所の別当というのは、頼朝の御家人となった武士団に出陣を命じたり、あるいは戦時、日常時の功績、過失を調べたりする役目である。軍事政権ともいうべき鎌倉の最高権力者といっていい。

この役に任じられた義盛はまだ三十代、諸先輩をさしおいての抜擢である。これについてはエピソードがある。頼朝が命からがら石橋山を逃げだし、海を渡って安房についた直後、従っていた義盛が、

「大業成功の暁は、なにとぞ侍所の別当に」

と願い出たというのである。まだ東国武士団の帰趨もつかんでいないそのころ、いやに早々とポストの予約を申し出た感じだが、しかし、これはあくまでもエピソードであって、頼朝が本気でこの約束を果たしたとは思えない。

和田義盛は三浦の総帥、義明の孫長男である（父はすでに死んでいる）。旗揚げ以来、頼朝擁立の中核となったのは三浦氏だということはすでに書いておいたが、その上、彼

らは、緒戦に大きな犠牲を払っている。石橋山の合戦には間にあわなかったが、その直後、平家側に加担していた畠山重忠と合戦を交える羽目に陥り、総帥義明は戦死してしまった。義盛の侍所別当任命は、まさにこの義明の死に報いる恩賞だったのである。

もちろん、このときの人事が、すんなりきまったとは思えない。東国の最高権力を握れるこのポストは誰しも欲しいところで、下手にやれば不満が起きて、たちまち血なまぐさい争いにもなりかねない。じじつ三浦を上廻る兵力を保つ豪族はずらりと並んでいるのだから。

ここで頼朝は諸豪族をなだめる手段として、義明の死を持ち出してこれを大功第一とし、その恩賞として義盛を別当に任じたのだ。

――何と？　あの若造が俺たちに指図するというのか。

という不満の抑えに、安房上陸の折の、ちょっととぼけたエピソードをすかさず利用した、とはいえないだろうか。

が、これはあくまでも表向きの理由である。この時点で彼が最も信頼していたのは三浦一族だ。北条はまだあまりに弱小豪族で頼りにならない。鎌倉に本拠を定めたのも、軍事拠点として有利であるだけでなく、現実には三浦の傘の中に入るためだったのだが、その三浦勢を手足として使うには、義盛を手許にひきつけておくことが必要だったのだ。

しかし、このさい一つの武士団になみはずれて接近すると、豪族間のバランスが崩れる。頼朝はだから表面はあくまで大義名分をふりかざす。そしてその事は、この新しい集団が信賞必罰をルールとすることを、東国武士団に周知徹底させるという効果もあったはずだ。このあたりが頼朝の人事運営のうまさである。

さらに彼はこの侍所の准長官ともいうべき所司には梶原景時《かじわらかげとき》を任じているが、これも舌を巻くような名人事だと私は思っている。景時の本拠は現在の鎌倉市の西部、梶原山の一帯で、いわば鎌倉の地元勢だ。この景時を含む大庭一族は、ここからさらに西に向かって、広大な所領を持っている。じつはこの大庭一族と三浦は仲がよくない。頼朝の父の義朝時代、三浦は義朝をかついで、大庭の所領に暴れこんだこともある。境界を接する豪族たちの間に繰返される所領争いの一つだが、鎌倉はまさにこの両氏の勢力のぶつかりあう地点だったのだ。

してみれば、三浦をひいきにしすぎることは大庭、梶原一族にとってはおもしろくあるまい。景時の所司任命は、そのあたりを考慮したことで、いわば、頼朝は、三浦と大庭両パワーの間でみごとにバランスをとりながら、その上に乗った、というところであろうか。おもしろいことに、景時は和田義盛なみのドラマチックなエピソードつきで歴史に登場している。石橋山の合戦当時、景時は従兄の大庭景親に従って頼朝を攻める側にあったが、ひそかに頼朝に心を寄せ、山中に逃げこんだ頼朝のありかを知りながら、わざと見逃したというのであるが、こういうエピソードの真偽をせんさくするのは無意味に近い。義盛の場合と同じく、そのエピソードの意味するところを考えたほうがいいのではないか。

この景時は気働きのある重宝な男だったとみえて、以後、鎌倉における雑事の取締役──いわば庶務部長といった役を器用にこなしている。おそろしいほど頼朝の心を見抜く術も心得ていて、彼の意向を汲んで上総広常を双六《すごろく》のもつれにことよせて、殺してしまった。広常は力を恃《たの》んでともすれば頼朝を蔑《ないがし》ろにする傾きがあったが、しかしまだ内部が固まっていないそのころ、正面切って広常追討を打ち出せば、混乱が起こるのは必定である。それを表立てずにたくみに処理した景時の所司としての腕もみごとだが、そういう男にポストを与えた頼朝の人事の冴えも買っていい。

そういえば、広常の生前、こんな話がある。鎌倉に本拠を構えてまもなく、頼朝が三浦半島に出かけ、一族のもてなしをうけたことがある。このとき三浦ともども出迎えた上総広常は、頼朝に対してあえて下馬の礼をとらなかった。その上宴席上で故義明の弟、岡崎義実《よしざね》と喧嘩をはじめた。義実が頼朝の水干《すいかん》を貰ったことに文句をつけたのだ。当時主君の着ているものを拝領するのは最高の栄誉とされていたので、広常は義実が貰ったことがおもしろくなかったのだ。

頼朝はこのとき終始無言だった。自分が水干を与えたことに文句をつけられておもしろかろうはずはないのだが、広常を面詰したり、義実をなだめるようなことは一切していない。見かねて仲裁に入ったのは、義明の末子義連《よしつら》だったが、のちに、頼朝は彼のことを大変褒めている。

このあたりに彼の人づかいのうまさはよく現われている。叱責は抑えて、義連に処理をさせ、手柄の部分だけを褒めるというのは、なかなかできることではない。それはテクニックを超えた一種の自己抑制であろう。誰にでも命令することのできる地位を得ながら、なおきびしい自己抑制を己れに課したのは、二十年間の流人生活のおかげである。一見自然に振舞っているかに見えて、言いたいことも言えずにきた彼の人間修業がここでは役に立っている。

この自己抑制が最も効果的に働いたのはその少し以前のことだ。東国武士の支持をうけて鎌倉入りをしてまもなく、平家側が平維盛《これもり》を大将に大挙して東下してくるという情報が入った。席のあたたまる暇もなく、頼朝はこれに対決すべく出陣するが、本格的な接触に到る前に、平家側は甲斐《かい》源氏の奇襲をうけて退却する。水鳥の羽音に驚いて逃げかえったというのはいささかオーバーで、真相は甲斐源氏の渡河作戦に不意をつかれて潰走《かいそう》したのであるが、ともあれ、後を見せた敵に追討ちをかける絶好の機会を頼朝は握ったのだ。

——すぐさま追えっ。

と命じたが、そのころまだ健在だった上総広常や千葉常胤が真向から反対した。上洛するより内部固めが大事だと主張し、頼朝に反抗している佐竹《さたけ》一族（源氏）をまず討つべきだ、と強引に迫ったのである。

頼朝はこのときどうしても都に攻め上りたかったらしい。味方は波に乗っている。この勢いで都になだれこめば、まさに二十年めの雪辱を果たせるではないか……。

しかし、最終的には彼は東国武士の主張に従った。大将としていかに屈辱的な妥協であるかを承知の上で、彼らの言い分を呑んだのだ。とはいうものの、結果的に見れば、この方針が頼朝に幸いした。もしこの折猪突したら、木曽義仲《きそよしなか》がやったと同じ形で元も子もなくしてしまったかもしれない。心中油汗をにじませながらの自己抑制によって、彼は東国の地固めをなしとげた。この一見空費したかに見える三年ほどの歳月の中で東国は力を蓄え、内部統一を強化して、その後の勝利の基を築く。そしてこの事が頼朝の歴史上の地位を不動のものにするのである。

ピラミッド運営術

旗揚げ以来の動きを見るとき、頼朝の才能が武将のそれではなく、政治家としてのものであることに気づく。伊豆での二十年間封じられたものが、いまやみごとに開花した感じで、その後の木曽義仲、平家との武力対決の間も、彼はむしろ政治家としての立場にありつづける。

これまでに東国に造られた組織を、私は別の作品の中で「東国ピラミッド」と名づけてみた。頼朝を頂点として、その下に有力武将がいて、さらにその下に彼らの部下がいる。頼朝の命令は武将に伝えられ、さらに下へ下へと流れてゆく。だから頼朝が命令すれば、東国武士団は秩序整然と動く。

部下は直属上官の命令だけ聞いていればいい。そして何がしかの手柄をたてればすなわちそれは上官の手柄にもなる。そして、それはさらに上部の武将の手柄でもある。だから頼朝が直属の武将に褒美を与えると、それがしだいに下部へ分ち与えられてゆく。つまり手柄は上へ、恩賞は下へといったふうに、このピラミッドには有機的な血管が通っていたのである。

今日ではどこにもあるあたりまえのシステムだが、これが明確な形でできあがったのは、じつはこの時代なのだ。そして頼朝自身は鎌倉に残り、この組織体だけを西国に出陣させる。これが平家攻めである。この方式も考えてみれば、このときが初めてで、坂《さかの》上田村麻呂《うえのたむらまろ》や、平治の乱の義朝などはみな陣頭指揮だった。なのに頼朝はこのときそれをしていない。画期的な権限委譲である。

しかも彼は、独自のバランス感覚を働かせて、このピラミッドに微妙なしかけを作っている。実際に布陣、出撃、その他の指揮権を握らせるのは、侍所の別当、所司あるいはこれに准ずる武将であって、土肥実平（のちに和田義盛と交替）と梶原景時がこれに当たった。彼らは軍奉行・軍監などと呼ばれたり、頼朝の眼代《がんだい》とも呼ばれたらしい。国守の目代と同じ発想だが、まさに頼朝の耳目の代りとなって派遣軍将兵の行動を見守るのである。彼らに与えられた絶大な権限に対し、中には不満を持つ者もいた。とりわけ彼らより大部隊を擁したり、あるいは家柄のよいものは、その命に服することを潔《いさぎよ》しとしなかったようだが、頼朝はそうした連中にはきびしい叱責を加え、絶対服従を命じている。

こうなれば眼代の権限は絶大である。それに対し、独走をいましめる意味で頼朝はもう一人彼の身代りを添えた。これが異母弟の範頼《のりより》と義経《よしつね》である。彼らは軍中の眼代への不満を抑えたり、眼代にブレーキをかける役目を持つ。いわゆる名代《みょうだい》である。この身代りと眼代りが二人三脚の形で頼朝と連絡をとりながら動く、というのは、まことにバランスのとれた運営法で、範頼と実平組はこの方式に従って、かなりの効果をあげている。ところが、この制度が裏目に出たのが義経と梶原景時の場合だ。一つには義経に軍略の才能がありすぎたためでもあるが、ともすればこの身代りは、眼代りを無視して独走しようとした。従来は梶原景時を悪者扱いにし、義経の才能を嫉んで頼朝に讒訴《ざんそ》したようにいわれているが、そういう感情次元の問題でなく、これは組織運営についての対立なのである。

戦というものは勝てばいいものなのか、長い眼で見ればやはり組織を固めた上で運営すべきものなのか、これは近代の戦争に到るまで常について廻る問題だし、もう少し広く解釈すれば現代の会社のあり方にも適用できる問題かもしれない。その意味では義経、景時どちらにも言い分はあることだが、それにからんで、容易ならない問題が起こって、義経と頼朝は決定的な対立を余儀なくされるのである。

義経との相剋

日本史上有名なこの事件について、世論はどうも頼朝に味方しないようだ。義経が義仲を討ち、平家を討って無敵の強みを発揮したので、このまま放っておいては、自分も滅ぼされるのではないかと心配したのだとか、後白河法皇の眷顧をうけ検非違使《けびいし》、左衛門少尉《さえもんのしょうじょう》に任じられたことを嫉妬したとか……。

が、梶原景時の所で問題にしたように、こうした感情的な次元でこの事件をあげつらうのは歴史に対する適切な解釈とはならない。兄弟の情を持ち出して彼を裁くことも見当違いである。そのためもあって、最初に頼朝の肉親のことを書いておいたのだが、彼にとって兄弟と呼べるのは、一人の姉と一人の弟しかなかったのだ。しかも弟の希義は挙兵の時期に土佐の配流地で殺されている。異母兄弟はライバルにこそなれ、親しく兄弟づきあいできる人間でないことは当時の常識である。

こうした感情論や人情論を切りすてての事件を検討するとすれば、当然義経の任官の意味が問題になってくる。戦功による任官を、現代はとかく軽く考えがちだが、このとき、じつは義経は重大なルール違反をしているのだ。

木曽攻め、平家攻めにあたって、頼朝は前もって、西国の王者、後白河に申し入れを行なっている。

「このたびの戦いの恩賞については、まとめて頼朝が申請いたします」

つまり勝手にばらまいては困る、と釘をさしているのだ。これは何も彼が恩賞を独占し、自分の手で分けてやっていい顔をしようというのではない。前項で触れた通り、東国には手柄と恩賞によってつながれた有機的ピラミッドがある。その組織の中で、最高の恩賞分与権は頼朝しか持っていない。これは東国武士団の間に無益の摩擦を起こさせまいとする配慮が働いてしぜんに生まれた方式であって、頼朝が強引に作りあげたものではない。東国武士団が共存の知恵として、頼朝にその権利を預けたのであって、こうした調停役を置くことによって東国ははじめて一本にまとまったのだ。

西国出陣にあたっても、だからその方式は適用されねばならなかった。頼朝の申し入れはそれを意味する。一方、出陣する武士たちの無断任官もきびしくいましめられている。これはだから頼朝個人というより組織としての要求なのだ。

が、義経にはこれがわからなかった。軍事的には天才とでもいうべき才能を持っているが、残念ながら政治的才幹は皆無に近い彼は、東国武士団がはじめて生みだしたこの新しい組織とルールの意味がまるきりわからなかったのだ。もっとも鞍馬《くらま》で育ち、のち奥州《おうしゅう》藤原氏の許で過ごした彼に東国武士団の生活の論理がわからなかったのも無理はない。当時、京都と東国と奥州は同じ日本の中でも、異国といってよいほどまったくちがった発展段階にあった。京都の中でも寺社は最も古い体質を温存している。奥州はさらに古代的な色彩が強いから、東国に似た組織はできない。そして外見では政治的にも経済的にも最もおくれているかに見える東国に、ひとり新しい組織とそれを守ろうとする意識が定着しつつあったのである。今度の西国攻めは、いわばこの主張を基盤とした彼らの論理を相手に突きつけることだった。

義経にはそれがわかっていない。彼において平家攻めは、親の仇討ちであり、二十余年めの復讐戦だった。そして西国から官職をもらえばわが家の名誉だと単純に喜んでしまう。それが恩賞を系列化して、ある意味ではきびしい自己規制をかけて統一を保とうとしている東国体制を根本から突き崩すものだということには思い到らないのだ。

もちろん恩賞には魅力がある。だから、義経が無断任官すると、東国武士の中にも誘惑に負けて官職を無断で貰う者が出てきた。頼朝のきびしい規制は危うく意味を失いそうになる。その悪しき見本を示したのが義経なのだから、頼朝が激怒するのも無理はない。

このとき義経にならって任官した連中に、頼朝は激しい罵声をあびせかけている。

「目ハ鼠眼《ネズミマナコ》ニテ只候フベキノトコロ、任官希有ナリ。

悪気色シテ本ヨリ白者《シレモノ》ト御覧ゼラレシニ任官誠ニ見苦シ。

大井ノ渡ニオイテ声様《コエザマ》誠ニ臆病気ニテ任官見苦シキコトカ。」

そして頼朝は言う。

「もうお前たちは東国に帰ってくるな。西国で仕えるがいい。尾張の墨俣《すのまた》より東に帰ってきたら本領は没収、斬罪を申しつける」

日ごろ感情を押しかくすことに馴れている彼が、これほど取り乱し、我を忘れて怒鳴り散らしているのは後にも先にもこのときだけである。無断任官が東国ピラミッドをいかに危機に陥れるものか、その張本たる義経に対して煮えくりかえるほどの怒りをぶつけてもまだ飽きたりないでいる彼の姿が想像できる。

が、困ったことに義経はこの頼朝の怒りの意味がまだわからない。たしかに捕虜になった敵将宗盛《むねもり》を連れて腰越《こしごえ》まで来たとき、いわゆる腰越状を大江広元《おおえのひろもと》に提出しているが、それもよく読むと、任官は家の名誉だと思って受けたのだ、としか書いておらず、これに対する謝罪はまるきりなされていない。読みようによっては、任官して何が悪いんだ、これと言わぬばかりの書きぶりだから、これでは頼朝から許しが得られないのも当然なのだ。

この問題ほど彼ら兄弟の政治的資質をむきだしにしている事件はない。この無断任官はルール違反である以上に危険な要素を含んでいる。政治感覚にたけた西国側は東国の意図を承知の上で義経に餌をまいたのだ。こうして東国ピラミッドにゆさぶりをかけ、あわよくば自分たちの意のままに動く義経ピラミッドを分立させよう、というような。そして頼朝に許されずに帰洛した義経は、まさに西国が期待した通りの道を辿る。彼は頼朝追討の院宣を乞い挙兵するのだが、しかし予想はみごとにはずれた。少しでも東国の息のかかった武士たちは、義経のこれまでの活躍は頼朝の「身代り」としてのものだと見ぬいていたから、本尊さまから見限られた身代りには今さらついてゆこうとは思わなかったし、西国側の武士には東国への反感もあったろう。また、彼らには東国式ピラミッドを造る意欲もなかったと思う。

かくて義経はやむなく奥州へ落ちのびるが、そのことが結果においては頼朝をよりいっそう大きなものに育てあげる契機となるのだから歴史というものは奇妙なものである。

征夷大将軍への道

義経の挙兵が皮肉にも頼朝にもたらさざるを得なかったプレゼント——。それは西国朝廷への発言力の増大と奥州征服である。その帰結を彼は征夷大将軍就任という形で飾っている。

義経が頼朝追討の院宣を乞いながら挙兵に失敗すると、すかさず頼朝は後白河法皇に文句をつきつけた。

「私は何も不忠の行ないはしていない。木曽攻めも平家攻めも院の仰せに従ってやっている。なのに追討の院宣を下すとは何ごとか」

院側はあわてて弁明の使を下す。

「いや、あれは義経が強請したのでやむなく出したまでのことで、本意ではない。あれはまったく天魔の所為で……」

さきの院宣を引っこめ、たちまち義経追討の院宣を出したのはいうまでもない。が、頼朝はなおも相手の言葉尻に嚙みつく。

「おや、天魔の所為ですと。じゃあなたは責任がないと言われるのか。世の中を騒がしている日本一の大天狗が、あなたのほかにいるとは思いませんがね」

この「日本一の大天狗」というセリフが有名になりすぎ、おまけに意味をとり違えて、頼朝が後白河を「大天狗」だと恐れたと取っている向きがあるが、これはその言葉だけを取りあげたための読み違いであって、文章全体を見れば、後白河に対する痛烈な揶揄《やゆ》であることは歴然としている。彼は「天魔の所為」と逃げを打った相手を、「大天狗」とからかっているのだ。

「諸悪の根源はそちらさんだ。とぼけちゃいけない」

というところである。同時に彼は自分への追討の院宣に関与した朝臣の解任と、さらに義経探索の費用として、諸国の公領、荘園から段別五升の兵糧米を取り立てることを要求した。同時に全国に守護地頭を置くことを申し入れたと『吾妻鏡』にはあるが、この真偽や意義をめぐって学界でもいろいろの説があるので、結論はさし控えたい。ただつけ加えるならば、この兵糧米の徴収は臨時の処置で、その後まもなく停止されている。守護地頭といった鎌倉幕府の本質にかかわる問題は、実現にはたぶんかなりの時間がかかっただろうから、この申し入れでおいそれと実現したかどうかはたしかに疑問である。それよりもこの時点で実効を発揮したのは、西国人事への介入ではなかろうか。

それまで頼朝は西国政府に対してかなり低姿勢だった。旗揚げ後、まもなく流人から平治の乱以前の身分に回復されたことは、彼の望むところだったろうし、平家討滅後、恩賞として、父や祖父の手の届かなかった従二位を与えられたことには鼻高々だったらしい。

だから実質的にはともかく(新ピラミッドの形成を、私は西国とは異質の、かなり独立性のあるものと見ているのだが)頼朝の心情は西国の忠良の臣たる枠を出ていなかったと思う。しかし、この時点で、頼朝と西国の力関係には明らかに変化が起きている。このとき彼は、ただ義経に同情的な朝臣を排除するだけでなく、右大臣以下の当時の内閣の閣僚メンバーを具体的に指定し、その要求を貫徹させた。数年前まで、罪人の指定を解除して貰うことだけを気にかけていたはずの人間の何という変わりようであろう。なおこのとき、西国との折衝に当たったのは、北条時政であり、京都方の窓口となったのは、頼朝の姉の夫一条能保《いちじょうよしやす》であった。戦乱の季節が終わって外交の季節が始まると同時に、頼朝の血族はにわかに活発な動きを見せはじめるのである。

この時期のもう一つの収穫は義経事件を口実にした奥州征服である。当時の奥州は、一応西国政府を宗主国と仰いではいるものの、半独立の王国だったことは、すでに学界でも認めるところであるが、その国王たる藤原氏の富と武力は、常に頼朝を脅かしていた。げんに西国政府は、頼朝の旗揚げ当時、その背後を衝くことを彼らに命じている。

が、力を蓄えた頼朝は、義経をかくまった事を名としてついに奥州に出兵する。すでにこのとき奥州側は義経の首をさし出しているのだから、言いがかりに近い強引な出撃である。このとき頼朝の目算違わず、北の王国はもろい崩れ方をみせる。富強を誇っていたのは支配者の藤原氏だけで、開発は遅れ、一般の民度も低く、したがって緊密なピラミッド型の組織が確立していなかったためであろう。以後、奥州は東国の植民地のような存在となり、戦功によって土地を与えられた東国武士団が続々と進出した。

こうしていわば実質的な東国の奥州支配は緒につくのだが、しかし、これを完璧なものにするためには、これを既成事実として、正式に西国政府に認めさせる必要があった。

これが頼朝が征夷大将軍を望んだ一つの理由だと私は思っている。

それまでに奥州藤原氏は、西国国家から鎮守府《ちんじゅふ》将軍の称号を得ている。頼朝としてはこの際これを上廻る称号を手に入れたいところである。それがすなわち征夷大将軍だった。奥州平定後、初めて上洛した頼朝が執拗にその称号を要求したのも、じつはそのためなのである。

が、西国側は頼朝の魂胆は百も承知である。知らぬふりをしてその要求には取りあわず、かわりに権大納言・右近衛大将のポストを押しつけた。皮肉なことに、征夷大将軍よりも権大納言・右大将のほうが上位の役職であり、すでに従二位に上っている頼朝にはよりふさわしいポストなのだ。西国側は、いかにも優遇するように見せかけて、彼の要求を握りつぶし望みもしない官職を与えたのであった（もちろん頼朝はまもなくこれを辞退しているが）。

ところで、彼が征夷大将軍を要求した裏には、もう一つの狙いがあった。それはほかならぬ、彼の地元の東国での絶対権力を確立する意図を秘めたものだった。律令制度における征夷大将軍は、中央の官職とはいささか性格を異にする。征夷大将軍はつまり外地に出征する総指揮官であるが、彼は現地にあっては、副将軍以下の生殺与奪の権を独占する。法に違反した者は、自分の裁量で死刑にすることも可能なのだ。いちいち中央の指図を仰がないということは、王者にひとしい非常大権を持つ、ということである。

頼朝が東国において確立したかったのは、まさにこの権限である。ピラミッドの頂上に立ち、恩賞権を握っていることは、すでに実質的にはその力を持っているといってもいいのだが、これを外（西国）に向かって公的に認めさせようというのが今度の上洛の一つの狙いだったのである。

こうしておけば、義経のような統制違反者が出たときに、独自の権限で処分することは頼朝の自由である。追討の院宣など貰わなくても、どこまでも追いつめて止めをさすことができるわけだ。右大将にはそんな権限はない。せいぜい皇居を守る親衛隊長で、しかもそのころは近衛府は軍事的な力はほとんど持たず、そこの長官である大将は上流貴族が任じられる宮廷サロンの顕官の一つにすぎなくなっていた。いかにそれが晴れがましいものであろうとも、征夷大将軍のほうが頼朝にとって数倍魅力のあるポストであることはいうまでもない。われわれは、征夷大将軍が単なる称号化してしまった室町や江戸期のそれを思いうかべがちだが、頼朝は単なる称号にこだわったのでは決してないのである。そのあたりのニュアンスがつかみにくくなっている現在、このポストの持つ政治的意味は、もう一度復元して考える必要がありそうだ。

もちろん西国側はこのポストの権限は百も承知である。だから後白河は意地になって頼朝の要求を拒みつづける。が、法皇が死んだとき、西国にはすでにこれを拒否する力さえも残っていない。頼朝が征夷大将軍に任じられるのは後白河の死の四か月後、一一九二年（建久《けんきゅう》三）。挙兵以後十二年の歳月が流れている。法的には、右大将になれば政所《まんどころ》を開くことができるわけで、じじつ都から帰った翌年正月、彼は「前右大将家」の肩書で、華々しく政所吉書始《きっしょはじめ》を行なっているが、やはり将軍に任じられたこのときが、形の上では幕府政治の始まりといえるだろう。もっとも鎌倉時代がいつ始まったかについては学者の間でも議論があるし、とりわけ将軍というタイトルにこだわる必要もないとは思うのだが、頼朝が非常大権を西国に認めさせたという意味で、この年は、やはり一つの意味を持つはずである。変革はその後も続くが、ともかく一一八〇年の旗揚げに始まる一連の動きは、ここで一段落したといってもいいだろう。

考えてみればおもしろいことだ。義経が自分を追討する院宣を貰ったことが、征夷大将軍への道を開くのだから。危機に陥るとかえって運が開けてくるという彼の宿命はまたしてもこのとき繰返されたのである。そしてその目的が果たされたとき、義経はすでに死に、まもなくもう一人の異母弟範頼も非業の死を遂げる。これも彼自身の残虐さというよりも、ピラミッド組織のもつ宿命である。ピラミッドに二つの頂点はいらない。そうなのだ、頂点は孤独なのだ。彼自身の孤独が完成されたとき、彼の歴史的使命もまた完結するのである。

将軍になった後、頼朝は七年ほど生きている。が、多少冷酷な言い方をするならば、彼の役目はどうやらそこまでだったようだ。もちろん東国は一種の安定期に入り、将軍の威令は行なわれ、彼の身辺はいよいよ華やかにはなる。平家に襲われて焼失した大仏の再建にも力を入れ、その落慶法要には再度上洛して参列している。まさにその七年のために彼は艱難《かんなん》に耐えてきたともいえるし、彼個人としては、さらに十年も二十年もその栄華を楽しみたかったことだろうが、残念ながら、頂点に達したそのとき、崩壊が始まるという歴史の法則に対しては、彼も例外ではいられなかった。

大仏の落慶供養のための上洛のときじつは彼は心の中に一つ、かなりの野心を秘めていた。

——長女の大姫を後鳥羽《ごとば》帝のきさきに。

その下心があったために、今度の上洛には、当の大姫や妻の政子、そのほかの子供たちまでひきつれていったのである。

これでは、まさに清盛の二の舞ではないか。征夷大将軍任命をめぐって後白河法皇と虚々実々のわたりあいを見せ、ついに念願の地位をもぎとった頼朝ともあろうものが……という気がするが、本人は意外なくらいこの計画に熱心だった。

このとき、じつは後ろでおそろしいほどのからくりが仕掛けられていたのだが、頼朝はそのことには気がついていない。

後鳥羽にはすでに右大臣兼実《かねざね》の娘任子《にんし》が入内している。しかも彼女は懐妊中だった。兼実は頼朝にはいちばん親しい公卿の一人である。平家時代冷遇されていたのを、例の義経事件を機に、頼朝の指名によって権力の座につくようになった。その以前からひそかな交渉はあったようだが、以後親しさはにわかに増し、万事は頼朝—兼実ラインで事が運ばれたといってもいい。例の征夷大将軍就任に失敗した第一回目の上洛のときも、頼朝は兼実を訪れて親しく語りあっている。後白河の死後ただちに将軍任命を取り計らったのも兼実だし、都における無二の親友というべき存在だった。

なのに、突然彼を裏切るような計画を樹《た》てたのはなぜか。大姫が入内すれば、当然、双方の娘は対立関係に立たざるを得ない。もし同じように皇子を生みでもしたら、また皇位をめぐって、ややこしい事になるのは必定である。

そのことが見通せない彼でもないのに、どうしてその気になったのか。思わず首をかしげたくなるが、それには、したたかな狂言廻しがついていた。その名は丹後局《たんごのつぼね》——かつての後白河法皇の寵姫である。彼女は大の兼実嫌いだった。その兼実の娘が後鳥羽の子をみごもったと聞くなり、生まれ出る子が男児だった場合に備えて、その立太子を阻むべく、対抗馬として頼朝の娘をひっぱり出しにかかったのだ。

——頼朝の娘が入内してくれれば、兼実としても遠慮がある。すぐ男子を皇太子にとは言い出せまい。

ゆくゆく、父親どうしが対立し、いがみあうようになれば、それこそ思う壺とばかり、彼女は、頼朝を口説きにかかった。そして頼朝はまんまと彼女の甘言に乗せられたのである。

丹後局の人蕩《ひとた》らしには定評がある。後白河の側近の一人、平業房《なりふさ》の妻だったが、いつのまにか後白河の寵姫におさまりかえってしまった。それも四十がらみになってからのことなのだから、恐るべき腕前というよりほかはない。しかもただの色気で後白河の側近にもぐりこんだだけでなく、政治的にもかなりの発言力をもちその上理財の才にも長《た》けている、といった女性で、そのしたたかさの前では、頼朝もつい、いいように丸めこまれてしまったらしい。

頼朝の上洛の間、丹後局はしげしげと宿舎を訪れてきた。周旋料に砂金や絹もたっぷり貰った。大姫にも直接会い、母政子にもあらんかぎりのお世辞をふりまいたことだろう。

が、仔細に見れば、丹後局の暗躍の蔭にもう一つのしかけがある。一皮めくれば、このしたたかな女をさらに操る存在がいたのだから、宮廷という処は、油断も隙もならないところである。

彼女を動かし、頼朝との間を飛び廻らせた張本は、源通親《みちちか》。当時きっての権謀家である。くわしいことは「源通親」の章に譲りたいが、当時通親は自分の妻の連れ子、在子《ざいし》を後鳥羽に近づけ、皇子を生ませようとしていた。ところがそれより一歩早く、兼実の娘がみごもってしまった。こうなった以上は、生まれた子が皇太子になるのを阻止する手を打たねばならない、と考えた彼は丹後局に目をつける。兼実とそりがあわない彼女をうまく焚きつけて、頼朝をそそのかしたのではないか、と私は見ている。

このとき、頼朝はすっかり乗り気になって、鎌倉へ帰っていった。が、皮肉にも、まもなく娘の大姫が発病してあっけなく死んでしまったので、事は沙汰やみになる。つけ加えると、その前後に兼実の娘は皇女を生み、在子は皇子を生んでいる。運の強い通親は、みごとに兼実を圧倒し、この皇子をたちまち皇太子の座につけてしまう。これが後の土御門《つちみかど》天皇である。

事のなりゆきを見れば、むしろ大姫が死んだことによって頼朝は救われたといえる。もし大姫の入内が実現していたら、それこそどんなことになっていたか。宮廷の権力争いに巻きこまれ、せっかく東国に開いた独立の天地はまたもや不安定な状況におかれてしまったかもしれない。

そこでいま一つ冷酷な言い方を許してもらうならば、それからまもなく、彼自身この世を去ったことはむしろ幸いだったのではないかと思う。大姫の死後、彼は性懲りもなく次女三幡《さんまん》の入内を計画しているからだ。そしてそれが実現を見ないうちに、彼は突然の死に襲われるのである。

もし彼が生きながらえ、三幡の入内が行なわれたとしたら……。彼自身は栄光に身をふるわせたかもしれないが、そんな彼を見ることは、私は忍びないのである。

彼は老いたのだ。無一物の流人から立ちあがって、東国の目代を討った意気は消えてしまった。あのときの頼朝はどこへいったのか。しかし、人間はみなそのようなものかもしれない。一つの志を持ちつづけることは至難のことだ。人生の階段を昇りつめ、成功者となった者は特に……。

彼はいいときに死んだと思う。五十三歳という年齢は決して長いほうではないが、結果的に見れば、なかなかの死に上手でもあったということになる。死の原因については、いろいろ伝説めいたことが言われている。というのは『吾妻鏡』のその部分がちょうど欠けているために、あらぬ臆説をのさばらせる結果となった。浮気のまねいた奇禍だというのは作家のフィクションだが、彼に殺された義経や安徳天皇の怨霊《おんりょう》が現われて、死に誘いこんだ、という説はすでに南北朝ころには現われていたらしい。彼の死因は、一一九八年（建久九）十二月、相模川の橋供養の帰途の落馬であって、翌年一月十三日、この世を去った。武将にあるまじき落馬が死因だというのが疑問を抱かせる根拠になっているのだが、これについては次男、実朝《さねとも》の言葉をひいておく。

「父は武門の棟梁として権力を握り、思うままの官位を得てからの死だから、不吉というべきではない」

同時代の肉親が、尋常の死を疑っていないことからみて、単なる事故死、または脳出血などによる死と見たほうがいいのではないだろうか。

北条政子

東国の土にまみれて

北条政子の生まれたのは、一一五七年（保元二）——つまり保元の乱の翌年である。しかもその二年後には平治の乱が起きている。いわば、戦乱の世代の人間である。が、東国伊豆の小豪族の娘は、さしあたってそのようなことにはまったく無縁だった。平治の乱に敗死した源義朝の息子・頼朝が、雪の中をさまよったあげく、捕えられて彼女の家の近くに流されてくるのはその翌年のことだが、まだ四歳の少女にすぎない彼女は、流人《るにん》となった十四歳の少年と将来どのようなかかわりを持つかも知らずにいる。

十代のころの彼女については残念ながら何一つわかっていない。それはそうだろう。北条氏は伊豆の小豪族で、ほとんど無名の存在に近かったし、そこに生まれた少女のことなど、誰も関心をしめすはずがないではないか。その間にあるいは彼女のほうでは耳にしたかもしれない。都では平家が全盛をきわめ、中でも清盛の娘の徳子という少女が、高倉天皇のきさきとして入内したということを……。従来あまり注目されていないが、じつは政子は徳子の一歳（または二歳）年下──つまり同時代人なのだ。が、十代の二人の人生を比べると、あまりに差がありすぎるので驚かされてしまう。一方は栄華の頂点にある人の娘として、きさきの位につき、一方は東国の土埃にまみれ、無名の少女として、誰からも注目もされず、平凡な日々を送っていたのだから……。

さて、年頃になった政子は、やがて近くにいる流人頼朝と恋に陥る。いくつぐらいの時のことかははっきりしないのだが、歴史学者故渡辺保氏は、これを政子二十歳くらいのことと推定しておられる。とすれば相手の頼朝は三十歳、当時の男は十五、六歳、女は十二、三歳で結婚するのがふつうだったことを思えば、やや晩婚という感じである。

この結婚について、政子の父の時政が、頼朝の将来を見越して結婚させたとか、政子自身が権力欲が強くて、頼朝に近づいたのだというような見方があるが、これは歴史的に見て当を得ていない。彼らの結婚を政子二十歳のころとしても、まだ平家は昇り坂の途中にある。高倉天皇の許に入内した徳子が皇子（のちの安徳天皇）を生むのはその後だから、まさに前途は洋々といった時代である。それとひきかえに頼朝の未来はまさに絶望的だったわけで、罪を許されて世に返り咲く希望はまったくなかった。

彼は一介の流人である。財産もなければ家来もないし、出世の見込みもない。そういう男と政子は恋に陥ちたのだ。そして父の時政は、この結婚に賛成どころか、大反対だった。後年、政子はこのことを回想して、頼朝に、

「父はあなたとの結婚を許さなかったけれども、私は、深夜、雨をついてあなたの所へとんでゆきました」

と述懐している。

誰にも祝福されない、むしろ不幸の匂いさえする結婚だった。が、それでも自分の意志を貫徹するあたり、いかにも政子の東国の田舎娘らしい一途さがある。一方の徳子が政略的なお膳立ての上に乗って嫁がされたのと、きわめて対照的だ。

しかし、これを、徳子の従順さ、政子の勝気さ、と割り切ってしまうのもどうか。徳子のような上流階層の娘は、こういう政治的スケジュールによって結婚するのがふつうだった。つまりいいところのお嬢さまは、黙っていても周囲がりっぱな結婚相手を探してくれるのである。ところが、それ以下の娘たちの結婚は比較的自由である。日本の女性には昔から結婚の自由はないように言われているが、これは大まちがいで古代の『万葉集』の相聞歌《そうもんか》などに見られるように、上流以外の場合は、結婚、あるいはもっと広い意味の性の交渉はきわめて自由だった。さして名のある武士でもなかった北条氏のような小豪族の場合は、その自由はかなり残されていた、と見てよいし、政子もそうした環

境の中で自然と恋の道を選んだ、と見たほうがいいかもしれない。二人の間にはやがて、大姫《おおひめ》と呼ばれる女の子が生まれるのだが、しかしこの結婚については、さまざまの伝説がある。一つは妹が吉夢を見たのを政子が買いとり、そのためによい結婚に恵まれたというのだが、こうした夢買いの話はほかにもあるし、のちに政子が征夷大将軍夫人になったために付加されたことは明らかで、少なくとも、当時は、幸福な未来を予感させるどころか、父にも反対されるような結婚でしかなかったのだ。どこにもある夢買いの伝説よりも、やはり『吾妻鏡』の中の政子の言葉を信じたほうがよさそうだ。

これに関連してもう一つ、頼朝は、最初恋文を政子ではなくその妹に渡そうとした、という話がある。政子は先妻の子であり、妹は後妻の子だったので、たぶん先妻の子は継母に冷たくあしらわれていることだろうし、同じことなら後妻の娘と結婚したほうがうまくゆくだろうと思ったのだが、文使いをした家来が、器量の悪い妹よりも、美人のきこえがあり、かつ父にかわいがられている政子と結ばれたほうが、将来のためになろうと考えて、手紙を政子に渡してしまった、というのだ。しかし、これもどうも伝説の域を出ないように思われる。たしかにこのころすでに政子の母は死んでおり、時政は若い後妻の牧《まき》の方を迎えていたようだが、まだ婚期に達する娘はいなかったと思われる。

もっとも同腹と思われる妹は四人いるから、最初はその中の誰かに頼朝が文を送ったとも考えられるが、それではこの伝説が成立たなくなる。ちなみに政子の同腹の

兄弟姉妹《きょうだい》をあげておくと、
宗時《むねとき》　旗揚げの折に討死（兄か）
阿波局　僧全成《ぜんじょう》（頼朝異母弟）妻　一二二七没
義時《よしとき》　一一六三〜一二二四
時房《ときふさ》（時連《ときつら》）一一七五〜一二四〇
某女　足利義兼《あしかがよしかね》妻
某女　稲毛重成《いなげしげなり》妻
某女　畠山重忠妻

妹たちの生没年代はわからないものが多いが、たぶん宗時をかしらとし、時房を末子とした同腹の兄弟姉妹だったのではないかと思う。というのは、後の動きを見ると、彼らは、必ずといっていいくらい一致結束して行動しているからだ。ついでに牧の方所生と思われる異腹の弟妹もあげておくと、

某女　平賀朝雅《ひらがともまさ》妻
某女　三条実宣《さんじょうさねのぶ》妻
某女　宇都宮頼綱《うつのみやよりつな》妻
某女　大岡時親《おおおかときちか》妻
政範《まさのり》　一一八九〜一二〇四

がいる。平賀朝雅は信濃源氏で、後に、京都守護となり、朝廷との交渉が深かった。三条実宣は公家だし、宇都宮頼綱は下野《しもつけ》の武士ではあるが、娘を歌人藤原定家《ていか》の息子の為家と結婚させ、後には嵯峨《さが》に優雅な山荘を持つ京都的な人間である。大岡時親は牧の方の親族であるが、もともと大岡氏は平頼盛の所領、駿河《するが》の大岡の牧を預かる平家の被官だった。こうしてみると、牧の方の娘たちは、多かれ少なかれ京都色の強い人びとと結婚していて、政子の実妹たちとは、はっきり区別できる感じである。

さて、もう一つ、最もポピュラーな政子の結婚にまつわる伝説は、山木兼隆とのいきさつである。『源平盛衰記』には、父の時政が伊豆の目代《もくだい》の山木兼隆に嫁がせようとしたが、すでに頼朝を愛していた政子は、婚礼の夜に山木の館を逃げだし、頼朝の許に走った、というのだ。

しかしながら、この伝説は前にも触れておいたような理由からどうも成立ちにくい。山木兼隆が伊豆へ下ってきたとき、すでに頼朝と政子は結婚し、長女も生まれていたはずだからである。しかも兼隆は、はじめから目代として下ってきたのではなく、ある事件にからんで、頼朝同様に配流の身となってやってきたのだ。そして彼が目代になったのは、旗揚げの直前であった。

渡辺保氏の説に従って、一応結婚の時期を一一七七年（治承元）ごろとすると、その数年後、この夫婦にとって、思いがけない転換期がやってくる。すなわち一一八〇年（治

ように、「源頼朝」で触れたように、以仁王《もちひと》と源頼政の挙兵があり、神経質になった平家が、王の令旨をうけた頼朝の誅殺を謀りはじめたので、運を天にまかせて、伊豆を脱出すべく起こした行動なのである。しかしこれも、

承四）のいわゆる頼朝の旗揚げがそれである。しかしこれも、「源頼朝」で触れたように、華々しい平家打倒運動ではない。それに先立って都で以仁王《もちひと》と源頼政の挙兵があり、神経質になった平家が、王の令旨をうけた頼朝の誅殺を謀りはじめたので、運を天にまかせて、伊豆を脱出すべく起こした行動なのである。

このとき親衛隊として従ったのが、政子の実家北条一族はじめ少数の武士で、まず伊豆の目代山木兼隆を討った。これは従来恋敵への報復のようにいわれているが、前に書いておいた理由から首肯できない。以仁王の乱を機に源仲綱が解任され、兼隆が目代に任じられているのだから、以仁王の令旨をふりかざした頼朝としては、当然これを討たねばならなかったわけだ。ただこの事件を『吾妻鏡』は「私《わたくし》の意趣もあるので」と書いているので、さては恋の鞘当てと思ったのだろうが、これは父義朝を討たれた頼朝の平家一族への恨みと考えたほうがいいのではないだろうか。かくて緒戦を飾った頼朝方は大いに気勢があがって、石橋山まで進出するが、平家に組する東国の武士に囲まれて大敗を喫し、命からがら房総へ逃れる。幸い、房総の武士団は頼朝に好意的で、頼朝はここで勢力を盛りかえして、鎌倉に本拠を定めるのである。

この合戦のさなか、政子は現在の熱海《あたみ》の近くの山中に身をひそめていたらしい。幼い娘を抱え、石橋山の敗戦を聞いて、

——さては、夫の命も……。

と生きた心地もなかったが、しばらくして、無事を聞かされ、鎌倉に迎え入れられる。

その日から政子の境遇は激変した。今までは伊豆の小土豪の娘でしかなかったのだが、これからは、東国の武士の棟梁、鎌倉殿の「御台所《みだいどころ》」と呼ばれるようになる。が、なにしろ北条氏は小土豪だ。周囲にいるのは、秩父（畠山）、小山、足利、上総《かずさ》、千葉といった大豪族である。それらの人びとの視線をうけながら鎌倉のトップ・レディとしての役をつとめねばならなかったのだから、さぞかし気骨の折れたことであろう。北条氏の地位の安定と彼女の身辺の補強を図って、妹たちが足利義兼、畠山重忠、稲毛重成等に嫁いでゆくのはこの時期だ。こうすれば彼らは北条氏の姻戚になり、政子も御台所として、いささか大きな顔もできるというものだ。しかし政子は野育ちである。王者の妻として、すましこむような役は不似合いなのだ。だから時々地金をだして失敗をやらかす。

たとえば、鎌倉入りしてまもなく、政子が身ごもって、男の子を産んだ直後のことだ。当時の習慣にしたがって、彼女はこのとき、御所を出て産所に移って出産した（このとき生まれた男の子が万寿《まんじゅ》、後の頼家《よりいえ》である）。と、その間に、頼朝は、伊豆でなじみを重ねていた亀《かめ》の前という女性をひそかに鎌倉に呼びよせた。伊豆での流人生活時代、頼朝は暇をもてあまして、政子以外の多くの女性とも交渉を持っていたのである。

御所に戻った政子は、この頼朝の浮気をたちまち嗅《か》ぎつけた。

——私の留守に何ということ……。

憤慨した政子は、家来をやって、亀の前の隠れ家を打ち毀《こわ》させてしまった。亀の前は命からがらその場を逃れたというが、こうなっては鎌倉中の評判である。頼朝のほうも黙ってはいられず、打ち毀しに行った家来の髻《もとどり》を切ってしまう、という具合で史上稀にみる（?）はでな夫婦げんかに発展した。

このことはじつは『吾妻鏡』にちゃんと書いてある。『吾妻鏡』は、いわば鎌倉幕府の記録のようなものだが、主人公夫妻のとんだ内幕を暴露するようなところもあるのがなかなかおもしろい。

ところでこの事件にはつづきがある。これを聞いて、今度は北条時政が怒り出すのである。というのも、髻を切られた男が、じつは彼の後妻、牧の方の身内だったので、棄ててはおけなかったのだが、彼にしてみれば、

——ふん、ついこの間までは一介の流人で、いわばわが家に裸で婿入りしてきたような頼朝が、「御所様」になったからといって、勝手がすぎるじゃないか。

というところだったのだろう。

——おもしろくもない。俺は帰る！

とばかりに手勢を集めて、さっさと伊豆へ引き揚げてしまった。当時の頼朝にとって北条一族は親衛隊である。形の上では頼朝は東国武士団の棟梁だが、ついこの間までは家来一人いない流人だったから、ほんとうの意味での手勢はほかにはいない。

──ここで北条氏に行ってしまわれては一大事！

ぎょっとした頼朝は、あわてて伊豆に帰らず一人残っていた政子の弟の義時を召し出して機嫌をとる……という始末で、この夫婦げんかは、後々までさまざまの波紋を残した。

じつは『吾妻鏡』でこの話を読んだとき、政子のこの猛烈さには、いささか恐れをなした。そうまでしなくても……と思ったし、御台所としてはつつしみがなさすぎる、という気もした。が、調べてみると、こうしたことは「後妻打《うわなりう》ち」といって平安時代からよく行なわれていたことがわかってきた。夫の浮気をこらしめる手段として、むしろ公然と認められていたような趣きもある。とすれば野育ちの政子が、前後の見境もなく、こういう非常手段に出たのも、彼女としては当然のことをやったまでのことだったかもしれない。いや、少なくとも、彼女一人の非常識きわまる行ないではなかったらしいのだ。

むしろ、このあたりには、庶民の女からぬけきれない政子の素顔がある。「御台所」におさまってしまえないための失敗、頼朝を愛するあまりの勇み足というべきである。

愛憎の蹉跌

亀の前事件にかかわらず、彼女はいつまでも生《き》のままで、思ったことを言ってしまわなければ気のすまないたちだったらしい。

たとえば、義経の恋人の静《しずか》が捕えられて母ともども鎌倉に下ってきたときのことだ。八幡宮の神前で舞を舞うように命じられた静が、義経を慕う舞を舞って頼朝の不興を買った話は有名だが、このとき政子は頼朝をなじって言った。

「静にしてみればあたりまえのことです。私もあなたを恋したときは父に逆らってあなたの許に走りましたし、旗揚げの時は、あなたの安否を気遣って生きた心地もありませんでした」

静はこのとき義経の子を身ごもっていた。やがて生まれたのは男児で、頼朝の命令に従って殺されてしまう。かねて、女児だったら静にまかせるが、男児は義経の遺児としてなきものにする、と言い渡されていたのである。このときも政子は静に同情し、子供の命が助かるよう、いろいろとりなしたが、力及ばなかった、と『吾妻鏡』には書いてある。

『吾妻鏡』は北条氏寄りの記事が多いから、この話もそのまま受取ることはできないかもしれないが、さりとて、女の身として静の気持を思いやることがなかったとは言えないと思う。しかし、それより注目したいのは、政子の『吾妻鏡』への登場のしかたである。これまで彼女は冷酷で権勢欲の強い女のように思われてきたが、頼朝在世中に彼女が現われるのは、こうした場面だけであって、本筋の政治に介入した形跡はまったくない。

むしろ彼女は情の女であって、時としては感情が理性を押しのけてしまうことさえある。

静の問題でも、男の世界の論理を通すならば、頼朝の言い分はもっともである。静は捕われの身であり、義経は鎌倉にとっては敵といっていい存在だ。その人物を慕う歌を公の席で歌うことは、鎌倉体制に対する挑戦である。頼朝としては見逃すわけにはゆかないのだ。だからもし、政子が政治的な女だったら、夫の意見に同調したはずなのだが、それより前に、彼女は情の女として行動してしまう。このころの彼女は、まだあまり政治感覚の発達していない、伊豆育ちの庶民的な女そのままだったのではないだろうか。

「御台所」であるより、妻であり母であり女であった半面を最もよく物語っているのは、長女の大姫をめぐる問題であろう。大姫はたぶん一一七八年（治承二）ごろの生まれらしいということはすでに書いた。ちなみに、この大姫という名は「長女」を意味し、固有名詞というより、普通名詞に近い呼び方である。

政子たちが鎌倉に移ってまもなく、この大姫の許婚《いいなずけ》がきめられた。たった五、六歳の幼女に？　と首を傾げたくなるが、これにはわけがある。頼朝の挙兵の直後、同じ源氏の一族である源義仲が木曽で兵をあげた。彼の父義賢は源義朝（頼朝の父）の異母弟で、しかも頼朝の異母兄の義平に討たれて死んだといういきさつがある。つまり同族といっても、頼朝と義仲の間には最初から微妙な対立を含んでいたのである。木曽で挙兵に成功した義仲は、勢いに乗じて東国に進出する気配を見せたが、頼朝との間にある了解が成立し、一種の不可侵条約が結ばれる。そしてその誓いのあかし——人質として、義仲の息子の義高《よしたか》が送られてきた。このとき義高は十一、二歳、大姫の許婚として迎えられたのはこの少年だったのである。

表面は許婚、事実は人質——。義高のほうはたぶんその間の事情を言い含められて鎌倉に送られてきたに違いない。が、幼女の大姫はそんなこととは知らずに、この少年を兄のように慕いはじめる。そんな二人を、政子はきっと微笑みながら眺めていたに違いない。

が、このメルヘンめいた平和は長続きしなかった。木曽義仲はやがて北陸路を進撃しはじめ、追討に下ってきた平家勢をも撃破して一気に都になだれこむ。頼朝はまんまと義仲に抜け駆けの功名をさらわれてしまったのだ。ところが、義仲は都入りを果たしたものの、政治的な才能に乏しかったために、たちまち後白河法皇はじめ朝廷の勢力と対立し、都の嫌われ者になってしまった。すかさず後白河は頼朝に義仲追討を命じてくる。頼朝としても上洛してライバルと対決するよい口実を得たわけである。

周知のように上洛した鎌倉勢は、またたく間に義仲を敗死させてしまうが、こうなったとき、義高は敵方の孤児として鎌倉に置きざりにされた形になる。頼朝はただちにこの少年を殺すことを命じた。生かしておけば、成人した暁に、自分をねらう存在となることは必定だと思ったからだ。それはそうだろう。頼朝自身、平清盛の義母、池禅尼の命乞いによって危うく一命を助けられた身である。それが二十年後には平家を討つめぐりあわせになったのだから、義高に情をかけるわけにはゆかないのだ。

これを聞きつけた大姫の周辺の女房が騒ぎだした。もちろん政子もそれに気づかぬわけはなかったろう。今にも頼朝の追手がさしむけられると聞いて、女房たちは、義高を女装させ、神詣でを装って、そっと鎌倉から逃がしてやった。頼朝の手勢が義高の寝所に踏みこんだのはその直後である。

一方、御所をぬけだした義高は、かねて女房たちの手で用意されていた馬に飛びのって、一路木曽路をめざして走った。が、それと知ると、すかさず頼朝は追手をさしむける。鎌倉御所は騒然たる状態になった。

義高は走りに走って入間川《いるまがわ》のほとりまで逃れた。ここから秩父《ちちぶ》を越えれば信州はすぐなのだが、哀れにも力つき、殺到する追手に捕えられ、首をあげられてしまった。この顚末は幼い大姫には秘密にされていたようだが、どこからか彼女はそれを聞きつけ、衝撃のあまり、床につき、湯水も口にしなくなってしまう。

肉親の手によって、最も慕っていた人を殺された事実を、幼い魂は受けとめる術を知らなかったのだ。以来大姫の健康はついに元には戻らなかった。

この事件に、大姫に劣らぬ衝撃をうけたのは政子である。病みほうけた幼い娘のうつろな瞳を見たとき、母親の政子は、娘に対してとりかえしのつかない事をしてしまったのに気づく。

「姫がこうなったのは、あなたのせいです」

鋭く頼朝に迫るが、しかし義高の生命を取戻すことはできない。怒りのあまり、政子は義高を討ちにいった部下にも文句をつける。

「義高のことを、大姫があんなに慕っていたのを知らないそなたでもあるまいに。いくら御所様の御命令だといっても、こうなる前に、何で私にひとこと言ってくれなかったのか。ごらん、そなたのおかげで姫は廃人同様になってしまったではないか」

幼い大姫に代わって、政子は頼朝や部下を問いつめてやまなかった。その追及があまりにすさまじかったために、頼朝は閉口し、ついにその部下の郎従の一人に責任をとらせて、梟首《きょうしゅ》してしまった。

——義高を殺したのは彼が頼朝の命令を聞き違えたもので、頼朝には彼を殺す意図はなかった。

という形で折合いをつけたのである。

が、しかし、大人の世界でいくら辻褄をあわせたとしても、それで幼い大姫の心は癒えなかった。彼女は以来病弱の身となって一生政子を悩ませつづけるのである。

以後政子はこの大姫の回復を願って、しきりに神詣でをしている。鎌倉から少し離れた日向《ひなた》薬師に大姫ともども参拝しているのもこのためである。が、母がいかに努力しても、いったん閉じられてしまった娘の心はついに開かれることはなかったようだ。恋をするには幼すぎる年齢だが、このとき、大姫は早くも自分の青春を燃焼しつくしてしまったらしい。

が、政子はまだそのことに気づかなかったようだ。

——幼い恋は一時のことで、本当に青春と呼べる年齢になったとき、新しいよき相手を見つけてやれば、大姫の心も明るさを取り戻すに違いない。

政子に限らず、頼朝もそう思いこんでいた。そして、その年齢になったとき、彼らは一人の青年貴族を大姫に近づけようとする。頼朝の姉が、都の公家に嫁いでもうけた一条高能《たかよし》がそれである。頼朝の招きをうけて鎌倉にやってきた高能の、都育ちの公達らしい物腰は、まぶしいばかりだったが、しかし、大姫は両親から意図を打ち明けられると、きっぱり首を振った。

「いやです。私が命を捧げてお慕いしたのは義高さまだけです。いまさら誰の妻になる気もありません。こういうお話はもうけっこうです。無理におすすめになるなら、私、川に身を投げてしまいます」

あの時の心の傷がどのように大きいものだったか、母として娘をどんなに傷つけてしまったかを、政子は改めて思い知らされるのである。その後、「源頼朝」の章で見たように、大姫には入内の話が起こる。頼朝の政略といえばそれまでだが、その心の奥には、傷ついてしまった娘に、せめて女性最高の栄誉を、と願う親の心がひそんでいなかったとはいえまい。

が、このときも、大姫は父や母の期待に背をむけるようにして、若い命を終えてしまう。この大姫の問題は、母としての政子の苦悩をまざまざと浮彫りにしている。「御台所」はたしかに栄光の座ではあるが、それとひきかえに、彼女は政治的な問題を背負いこまされたのだ。この持ち重りのする荷物のようなものを抱えてもがくうち、愛する娘は傷ついて死んでいってしまった。母としての力ではカバーしきれない政治の重みにうめく政子の像がここにはある。

頼朝の死んだのは大姫の死後まもなく——一一九九年(正治《しょうじ》元)正月のことである。

ときに政子四十三歳、跡を継いだのは長男頼家十八歳。その下に十四歳の次女三幡《さんまん》と、八歳の次男千万《せんまん》（幡）――のちの実朝が残された。夫の死後しきたりに従って出家し、尼御台と呼ばれるようになった政子だが、これを機に、彼女を取りまく情勢は大きく変化する。もっともはじめのうち、彼女自身はそのことに気づかない。情の女の常として、夫に捧げた愛情を、今度は息子に注ごうとするが、すでに頼家は十八歳、若狭局《わかさのつぼね》をはじめ何人かの愛妾がいた。しぜん彼は、若狭局とその実家である比企一族の言うことを聞いてしまう。

夫に先立たれた妻が常に味わわされる悲しみであるが、勝気で、しかも愛情過多の彼女はそれに我慢できない。みたされない愛はしぜんと憎しみに変わって、それが若狭局に向けられ、さらに頼家との間の溝を深めてゆく。しかもこの背後には愛憎以外の政治問題がからんでいる。政子の実家であることを足がかりに、北条一族は、このときまでに鎌倉幕府内にしだいに地歩を築きつつあったのだが、頼朝の死、頼家の将軍就任とともに、地盤は沈下し、代わって頼家の姻戚である比企一族が徐々に台頭してきたのだ。

政子と頼家の間の対立はいよいよ深刻になってくる。もし、これを、

――本当の親子なのに、なぜ？……

と思う人がいたとしたら、その人は常識しか解さない人だ。むしろ肉親が憎みあうとき、他人のそれよりブレーキはきかなくなる。しかもその背後に北条と比企の権力争い

がからんで、その相剋《そうこく》はいよいよ凄絶《せいぜつ》な様相を呈してくるのである。

そして、ついに両者の実力対決が行なわれたのが、一二〇三年（建仁《けんにん》三）の比企の乱である。北条氏の攻撃をうけて比企氏は全滅し、頼家はにわかに出家させられ、将軍の座から引きずりおろされてしまう。そしてこのとき、彼に出家を言い渡したのは、ほかならぬ政子そのひとであった。

実の母が冷然として息子を将軍の座から追放する――という図だけ見ると、彼女は血も涙もない女のように見える。しかし、それまでのいきさつを思えば、これはやむを得ない一面もあった。それまで頼家は北条氏を無視しつづけてきた。祖父である時政や叔父の義時の前で、平気で彼らを呼びすてにしていたというし、事ごとに比企寄りの姿勢をしめしたのだから、母親の眼に不肖の息子と映ったのも当然である。そして、

――北条家を無視して比企一族のみを重用するこの息子よりも、おとなしい次男の千万（のちの実朝）に将軍職をつがせたい。

と思うのもしぜんのなりゆきであろう。しかもこのとき、頼家は再起不能の病床にあった。このまま死ねば、将軍職は彼が若狭局との間にもうけた一万《いちまん》（幡）という幼児の手に渡ってしまう。こうなれば、比企の天下である。

――そうはさせじ……。

と、頼家の死の直前に、北条氏は一万をはじめ、比企一族を倒してしまったのだ。と

ころが皮肉にも頼家は生き返ってしまった。じつをいうとこのとき北条側は、「頼家は死にましたので次の将軍職は弟の千万に――」と、辞令を乞う使を都に飛ばせてしまっている。その使が辞令を持って帰らないうちに、何とか辻褄をあわせねばならない立場に追いこまれた北条氏は、「母」の権威を利用して、政子の口から頼家に出家を命じさせたのである。

いわばやむを得ない形で、政子は政治の座にひっぱり出されたのだ。しかし、これは例のないことではない。古来、「母」は「大刀自《おおとじ》」または「家刀自」と呼ばれて家の中で大きな権力を持つ。母の前では、子供たちは全部言うことを聞かねばならないのである。こうした「母」の権威は、いわば日本古来の婚姻形態の名残りだと思われる。古くは男女は結婚しても別居を続ける妻問い婚がふつうで、生まれた子はみな母が育てた。その後では婿取り婚に変わってゆくが、このときも女が家を動かず、子供を育ててゆく姿は同じである。そのことが「母」の権威を強くしているわけで、いわば婿取り婚であった政子と頼朝の結婚形態を考えるとき、政子が頼家について発言権を持つことは当然なのである。

しかもこのとき、彼女は、頼家の母であると同時に、源家の未亡人（頼朝の名代）として頼家に対している。ちょうど結婚形態が婿取り婚から嫁入り婚へと移り変わる時期だったことと思いあわせると、このときの彼女のおかれた地位は、まぎれもなくその過れていると考えら渡形態を表わしている。ふつう政子は北条家が大切で頼家を殺してしまった、と考えられているが、そんなふうに単純に割りきれるものではない。彼女は北条家の娘であるとともに、源家の未亡人なのだ。その微妙な位置に立って、彼女は、はじめて政治力を行使したともいえるだろう。個人的な心情から見れば、憎い長男よりもかわいい次男へ、といったことかもしれないが、そこに政治的な状況や、当時の結婚形態という社会現象が微妙に作用しているところに、政子の社会人、政治人としての姿がある。

その後頼家は伊豆に幽閉された後、非業の死を遂げる。この意味では、たしかに政子は頼家を殺した一人である。

が、個人的心情を辿ってゆくと、どうもその後、政子は、

——しまった。とんでもないことをした。

と思ったらしい。というのは、この後で、頼家の忘れ形見の善哉《ぜんざい》という子を手許に引き取って、無性にかわいがるのである。つけ加えておくと、彼は若狭局の所生ではない。政子はこの孫に対して、まるで罪滅ぼしでもするように、五つの袴着《はかまぎ》の時には、盛大な祝いをしてやっている。

善哉は後に出家し京都に修行にやらされるが、政子はその身を気づかってか、まもなく呼び戻して鶴岡八幡宮の別当（長官）にする。その善哉こそ、僧名は公暁《くぎよう》——。つまりこの青年こそが、叔父実朝に復讐する男なのである。

尼将軍の孤独

実朝暗殺事件はさまざまの問題を含んでいるが、これを政子の立場から見れば、いわば彼女の愛情のなせる過誤ともいえる。もし彼女が頼家をあれほど憎まなかったら、あるいはその埋め合わせのつもりで善哉を溺愛《できあい》しなかったら、あるいは実朝は殺されなかったかもしれない。

ふつう、実朝の事件は北条氏の陰謀であり、政子はそれと知りつつ、実家を愛するあまり実朝を見殺しにした、と解釈されている。が、私はそうは思わない。政子は、決して冷たい女ではない。むしろ愛情がありすぎ、それが裏目に出て、こういうむざんな結果をひきおこしてしまったのだとはいえないだろうか。

もちろん頼家の事件と同じく、この事件は愛情だけでは解釈できない問題を含んでいる。北条氏は頼家を引き降ろすという以上に、積極的に実朝を推す理由を持っていた。というのは、北条氏は、ほかならぬ実朝の乳母《めのと》の一族だったのだ。乳母と養君の関係が非常に密接で、しかも政治的にじつに大きな意味のあることは、「比企尼と阿波局」の章で少しくわしく書くつもりなのでここではこれ以上は触れない。

ともあれ、こうして政子は一人残った。夫も二人の男の子も死んだ。それに先立って彼女は次女の三幡をも失っている。すでに六十をすぎた政子が、栄光の座とともに手に入れたのは、この苛酷な孤独だったのだ。

実朝の死後、将軍の後継者として都から迎えられたのは、頼朝に少しばかりゆかりのある二歳の幼児三寅《みとら》であった。彼が元服して正式に四代将軍藤原頼経《よりつね》となるまで、政子は頼朝未亡人――つまり頼朝の代理人として政治にたずさわる。彼女が尼将軍と呼ばれるのはこの時期である。が、現実に実権を握っていたのは弟の北条義時であり、いわば彼女は彼の代弁者でもあった。

この時期の大事件は承久の乱である。これは東国の武家体制の確立に苛立った朝廷側の挑戦ともいうべきもので、このとき、政子は尼将軍として御家人たちに安達景盛を通じて次のように伝えた。その政子の言葉を『吾妻鏡』はこう書いている。

「ミナ心ヲ一ニシテウケタマハルベシ。コレ最期ノ詞ナリ。故右大将軍朝敵ヲ征罰シテ関東ヲ草創シテヨリ以降、官位トイヒ、俸禄トイヒ、ソノ恩既ニ山岳ヨリ高ク、溟《メイ》渤《ボツ》ヨリ深シ。報謝ノ志浅カランヤ。シカルニ今逆臣ノ讒ニヨリ、非義ノ綸旨ヲ下サル。名ヲ惜シムノ族ハ、早ク、秀康、胤義等ヲ討チ取リテ、三代将軍ノ遺跡ヲ全ウスベシ。タダシ院中ニ参ゼント欲スル者ハ只今申シキルベシ」(原文は漢文)

『承久記《じょうきゅうき》』などもほぼ同じ趣旨で、源頼朝が御家人に与えた恩恵をあげ、ここで京方につくか、鎌倉方につくか、はっきりせよ、と言ったと伝えている。

たぶんこれは、義時や補佐役の大江広元のお膳立てしたものを、政子の名において発表した、というのが真相であろう。が、ともかくその命令下に東国御家人が一糸乱れず行動し、朝廷側を制圧したところに、象徴としての彼女の重みがある。ここでは先に述べた源家の未亡人としての彼女の姿があますところなく現われている。

一方、彼女の「大刀自」としての実力が発揮されたのは義時の死の直後のことだ。危うく北条氏内部で後継者争いが起こりかけたとき、その仕掛人ともいうべき三浦義村《よしむら》の家に乗りこんでいって話合いをつけて、事を穏便に処理したのは彼女だった。ここでは四十年間北条氏の中心に坐ってきた彼女の真価があますところなく発揮されている。それぞれの場面で、彼女は常に決然たる姿を見せ、身体の芯に一本筋の通った激しさを貫き通している。

それでいて、彼女自身は、

「自分ほど悩みの多かった女はいない」

と述懐したという。それを伝えるのは、『承久記』その他だが、それによると、

「自分のことを幸運な女の例にひくようだが決してそうではない。以前、夫の頼朝が死んだときは、その後を追いたかったけれどもまだ子供が幼かったので、それもできなかった。その後、頼家の死んだときも、実朝の死んだときも、いっしょに死んでしまいたかったが、周囲に止められたり、後のことを思ったりして、とうとう死ねずに来てしまった

のだ」

自分で事を起こしながら、そらぞらしい、と思う人もあるだろう。もちろん、この通りのことを口にしたという証拠はないし、これが事実だとしても、自己弁護の匂いがないとはいえない。が、彼女がまったく自分の周囲の悲劇に心を痛ませなかった、というのも嘘になるだろう。自分の犯した過誤、心ならずもひきおこしてしまった事件に、心をふるわせ、苦悩にさいなまれた夜があったとしたほうが、人間としてはむしろ自然ではないか。にもかかわらず人間は生きるかぎり、また過ちを繰返し、悔いを繰返す。それが人間の愚かさだといえば、彼女ほど、愚かで哀れな人間もないであろう。

彼女の死んだのは一二二五年（嘉禄《かろく》元）、ときに六十九歳。彼女のような階層の女が歴史に登場することはきわめて珍しいことだ。たまたま変革期に生まれあわせ、頼朝の妻となっていたために、失敗を繰返しながらもいかにも庶民的な、東国の女らしい骨太な軌跡を歴史の中に残していってくれた。これは貴族の娘にはできないことであって、彼女はその意味で、古代から中世の過渡期を最も生き生きと表現した人間といえるのではないかと思う。

比企尼と阿波局

無名派は無力ならず

鎌倉時代は、女性史にとって不毛の時代のように思われている。たまたま登場する北条政子は悪女の典型——つまりよほど変わり種の見本であって、あとは十把ひとからげの、従順な、もしくは愚鈍な、男の蔭にかくれて生きた女しかいない……と、そんなふうに考えられていた。

が、それは本当だろうか。もしかするとそれは、これまでの女性史研究者の怠慢で、そのころの本当の女性の姿をつかんでいないのではないか。たしかに鎌倉時代には、政子のほかに、めぼしい大スターはいない。すべて無名である。しかし無名ということは、決して無力と同義語ではないはずである。

ただ、困ったことに無名の彼女たちは、伝記がはっきりしない。何年に生まれ、何年に死に、どんな性格だったというような、プライバシイを語るエピソードはほとんどない。

たとえば、ここにとりあげる比企尼《ひきのあま》も生没年は不詳、色が黒かったか白かったか、やさしいか頑固かなどということは、皆目わからないし、そのころの常として、名前さえ伝わっていないのである。

わずかに残っている手がかりをひろってゆくと、彼女はその名の通り、比企家の未亡人だ。比企氏は埼玉県の比企郡あたりを本拠とする東国武士団の一つだったらしく、夫は比企掃部允《かもんのじょう》といった。彼女について注目すべきは、まだ夫が在世中、彼女は都にあって源頼朝の乳母《めのと》になったということである。

今までとかく無視されがちであったが、この乳母という存在は、平安末以後、きわめて歴史的にも政治的にも大きな意味を持つ。天皇家、公家、武家などのしかるべき家に子供が生まれると、この養育にあたるのは、生母ではなくて、すべて乳母なのだ。

彼女たちは生まれたばかりの若君につきそって、生活全体に気を配る。現実には、この乳母が必ずしも乳をふくませるとは限らない。乳を与えるのは別人でもよく、——したがって乳母は複数である場合がざらなのだが——さらに乳母の夫（彼も乳母夫《めのと》と呼ばれる）や子供（乳母子）ともども、若君の周囲をひしと取りかこんで、大事にかしずき育てる。この乳母集団は若君とまさに一心同体なのである。

ではなぜ、かくも彼女たちは主君の家の子供の養育に明けくれるか――といえば、その若君が成人して、しかるべき地位についたとき、彼らはその側近、あるいは親衛隊として、絶大な権力を掌握できるからである。その顕著な例は、天皇家の例をみればよくわかる。

たとえば、後白河天皇の側近で権力を握った入道信西は、後白河の乳母、紀伊局《きいのつぼね》の夫である。彼は博識で、かなりのきれものではあったが、何よりも家柄がものをいうそのころ、藤原氏でも末流に近い家に生まれた身では、とうてい出世の見込みはなかった。じじつ、入道以前、藤原通憲《みちのり》と名乗っていたころの役どころは少納言――つまり事務官僚どまりで、とうてい政治の中枢に近づけなかったのだ。

そこで彼は官途をあきらめて出家して入道信西となって、まだ雅仁《まさひと》親王といっていた後白河の乳母夫として奉仕する道を選ぶ。彼や子供の年齢から推すと、このとき紀伊局はすでに雅仁の乳母になっていて、彼は強引に彼女の夫となって割りこんだという可能性が強い。つまり彼が妻を後白河に近づけたのではなく、乳母である紀伊局に彼が近づいたのである。こういう例は、その後も宮廷でしばしば見られるもので、乳母の利用価値がいかに高いかをしめすものであろう。

後白河の即位のいきさつは後章で触れるとおりだが、さまざまの経過を辿って即位が決定すると、彼は側近として辣腕をふるいはじめる。その権力の前では大臣も顔色なしである。王朝以来続いていた外戚制度は、まったく形骸化してしまっているのだ。ふつう摂関政治は平安末に院政に変わったといわれるが、その院政において、院（上皇または法皇）に密着して、実質上の実権を握ったのは院の近臣であり、その中でも、とりわけ乳母夫の存在が大きな意味を持っていたことを見落とすことはできない。後白河の場合も天皇である時期はきわめて短く、まもなく皇子に譲位して院政を開く。信西はその意味では院の近臣の一人なのである。

もっとも、信西はあまりやりすぎたために、まもなく起こった平治の乱の折に殺されてしまうが、紀伊局はその後も、後白河の側近に近侍し、清盛と対立した後白河が鳥羽離宮に幽閉されたときにも、同じ車に乗ってこれに従っている。

こうした例をひろいあげればきりがない。後鳥羽の側近にかしずいて、人事や政治にまで強い影響力を持った卿二位《きようのにい》、藤原兼子《けんし》もやはり乳母だった。有名な歌人藤原定家が三位の位を獲得し、公卿の仲間入りできたのも、じつは彼が兼子に裏口から猛運動したおかげである。

こういうふうに、乳母は権力者の黒幕として政界の人事をも左右する。その場合、もちろん彼女の夫や子供がいちばんうまい汁を吸えることはいうまでもないが、おもしろいのは、男の主人と臣下という関係だけでは、こうした親密さが得られないことで、幼児期からの母親代りのスキンシップが絶対にものをいう。その意味で、乳母という存在は政治の鍵を握っているのである。

これは天皇家の場合だけではない。しかるべき地位の公家の若君には必ず乳母がついたし、義朝のような武家の場合も同様である。実態がつかめないので、はっきりしたことはいえないのだが、かなり下の層まで乳母に子供を養わせる習慣はあったのではないだろうか。したがって乳母の裾野は思いがけないほどのひろがりを見せ、それぞれ、自分の夫や子供の将来を賭けて、若君に奉仕していたと思われる。してみれば、このとき頼朝の乳母となった彼女は、比企一族を源家に近づけるための重要な役割を果したのだ。

言いかえれば、比企一族は、彼女をパイプとして、源頼朝党となったのである。もっとも彼が生まれたころは、悪源太義平《あくげんたよしひら》と呼ばれた長兄と、もう一人の兄がいたから、必ずしも源義朝の後継者になれるかどうかはわからなかったわけだが、しかし、義朝の多くの妻のうち、頼朝の母は熱田神宮の大宮司藤原季範《すえのり》の娘であって、いちばん家柄がいい。この母から生まれた子供が嫡流となることはほぼまちがいなかったから、比企家としては、まず、うまい切り札をつかんだ、といっていい。

もっとも義朝くらいの大物になると、乳母は彼女だけではない。同じ東国の大豪族、小山政光《おやままさみつ》の妻とか、山内経俊《やまのうちつねとし》の母とか、都の官吏である三善康信《みよしやすのぶ》の叔母とか、そのほかにも何人かいたらしい。こんなときは、乳母の家どうしのすさまじいせりあいがある。いかに若君に気にいられて、自分の一族が側近第一号になるか、比企家の代表選手として、彼女もいうにいえない苦労があったに違いない。日本の妻は、いつの時代にも家庭だけを守っていたと思うのは大ちがいで、かなり政治的・社会的な気配りを必要とする世界で生きてきているのだ。

当時は源平武士団の台頭期である。保元の乱以来源義朝は中央でもかなり頭角を現わしつつあったから、頼朝の未来も一応薔薇《ばら》色だったのだが、思いがけない挫折がやってくる。源家一門は平治の乱に平清盛と戦って敗れ、義朝は殺され、頼朝も捕えられて危うく殺される所を、一命だけは助けられるが、伊豆へ流されてしまうのだ。この若君の出世に望みを托してきた比企氏は、ここで痛烈な打撃をうけるのである。

頼朝を支えた二十年

が、じつは、彼女の存在が光を放ちはじめるのはここからである。尾羽打ち枯らし、将来の見込みもなく、伊豆で飼い殺し同様の生活を送る頼朝に、彼女は、せっせと生活の資を送りつづけるのだ。史料に見るかぎり頼朝の生母の家、熱田大宮司家からは特別の援助もなく、もっぱら彼を支えたのは乳母たちであった。

乳母と若君の関係が、まったくの利害打算でつながっているのだったら、何の利用価値もなくなった若君の面倒をみるなどはまったく採算に合わない話である。ではなぜ彼女はそれをやり通したか。これを忠節、または愛情といった美談にしてしまうと、いちばん簡単なのだが、しかし、そう片づけるのは、当時の事情に対する正当な評価ではないであろう。

私は、彼女のこの行為を、彼女の個人的美徳としてではなく、当時の乳母と養君との結びつきじたいが、それほど密接であり、その無言の掟に従って、彼女は黙々と頼朝を援助しつづけた、というふうに見たい。とはいうものの、彼女の頼朝を支えた歳月は決して短くはない。伊豆配流《はいる》から旗揚げまでは約二十年間、その間じゅうずっと変わらずに援助しつづけたということは、まさに驚嘆に値する。ここに私は、彼女たち無名の東国女性のもつすさまじいまでの粘り強さを感ぜずにはいられない。

その間に夫の掃部允は死んでいた。以後、彼女は比企尼と呼ばれるわけであるが、もちろん、比企からの遠い道を重い荷物を背負って伊豆へ往復したわけではない。それを引き受けたのは、娘婿たちである。

彼女はどうやら男の子がいなかったらしく比企家の後継者として、甥の能員《よしかず》を猶子としているし、そのほかの娘たちは、河越重頼《かわごえしげより》、安達《あだち》（足立）盛長などに嫁がせ、また伊豆の豪族、伊東祐清の妻も比企尼の娘だという。この顔ぶれを見てもわかる通り、いずれも武蔵や伊豆の有力武士団を率いる武士たちである。

これは当時の婚姻関係がどのようなものであったか——同程度の規模の武士団の間で、頻繁に婚姻が行なわれて、血のつながりが網の目のようにはりめぐらされていることを知る意味でも興味のあることだが、それより考えなくてはならないのは、この錚々たる顔ぶれが、なぜ一老尼である彼女の言うことを聞いて、頼朝の側近に出入りし、彼を援助しつづけたか、ということだ。

たとえば、安達盛長は、頼朝に近侍し、挙兵の折に最も活躍する一人である。また伊東祐清は、かつて父の祐親《すけちか》が頼朝と彼の姉妹が結ばれたことに激怒し、頼朝を殺そうとしたとき、そっと急をつげて頼朝を逃したという。

彼らは直接血のつながりはないが、乳母の子の夫ということで、みな頼朝に親しみを持っているのだ。また頼朝のほうも、乳母の娘婿だということで安心し、大事も打ち明けあったりしたのであろう。つまり比企尼は、東国武士団と頼朝をつなぐ太いパイプの役目をしているのだ。

ここに私は、現代の御隠居とは違う、豪族の未亡人の姿を見る思いがする。彼女は単に比企の家にだけでなく、他家へ嫁いだ娘たちにも影響力を持ち、その婿たちをも動かす力を持っていたのである。

では、彼女にそれをさせたのは何か。一言にして言えば、彼女自身の経済力である。

古来、日本では財産は主として、両親から娘へと引継がれる傾向があった。結婚が婿とりの形で行なわれていたそのころとしては、これが最も自然な形であったと思われるのだが、その後結婚形態が変わって、嫁入りが主になってからも、その習慣はかなり尾を引いて、嫁いでゆく娘たちも、実家からしかるべき財産の分与を受けていた。

こうして嫁いだ女性は、自分の経済力をバックに、婚家の中でもかなりの発言権を持つ。さらに結婚生活が長く続けば当然夫の家の財産に対しても権利が生じる。そして夫の死後は婚家の大刀自として、一家の主人の代行をつとめる。だから小遣いにも不自由する現代の老婆と違って、彼女は夫なきあとの比企家の経済運営にも大きな力を持っていたと考えていい。少し後の時代の記録には女性がちゃんと財産権を持っていた例がかなり見られる。彼女たちが実家から持ってきた財産の処分については、夫たる者も口出しはできなかったし、長子相続ときまっていたわけではないから、財産を誰に譲るかということも彼女の胸三寸にあった。

とすれば、大豪族、比企氏の未亡人は夫から相続した分を含めてかなり財産を持っていただろうし、その中から頼朝を援助することは、決して困難なことではなかったろう。また、娘婿たるもの、その分け前に与《あずか》ろうとすれば、姑どのに忠勤をはげまないわけにはゆかないではないか。史上はまったく無名の彼女ではあるが、彼女は無言のうちに、当時の女性のあり方を、あざやかに証言している。

頼朝はもちろん、彼女の二十年間の奉仕を徒《あだ》やおろそかには思っていない。だから鎌倉入りをした直後、比企一族には、鎌倉の中心地に広大な居館の地を与えて優遇している。現在の鎌倉駅にほど近い妙本寺がその館址であるが、政子が頼家をみごもったときの産所もここが使われた。その後も、頼朝と政子が、納涼や観菊のために、尼の館を訪れた、という記事が『吾妻鏡』にはある。彼女の没年はさだかでないが、頼朝は母代りとして、生涯彼女を慕いつづけたようである。

終わりに、彼女を軸とした娘婿たちの姿を見ておこう。頼朝が平家討滅に成功し、関東での覇権を獲得したとき、彼女の娘婿たちは、いっせいに頼朝側近としてのしあがる。本家の比企氏では、頼朝の長男の頼家が生まれたとき、能員の妻が乳母になった。やがて、頼家が成人すると、この乳母の娘と結婚し、男の子が生まれる。こうして比企氏はいわば頼家を抱きこんでしまったのだが、その結果、頼朝の姻戚である北条氏と対立し、頼家の時代になってから、いわゆる比企の乱で滅亡する。

また河越重頼の妻——つまり比企尼の娘も頼家の乳母の一人である。これも比企尼以来の伝統に従ったのである。やがて重頼の娘が源義経の妻に選ばれるのも、そうした縁故のせいであろう。もっともそのことで河越氏はとばっちりをうけ、義経の姻戚として、幕府の出入りを差しとめられたり、所領を召しあげられたりするが、これも名目上のことで、所領は重頼の母が預かった形にして、実質的には河越氏の手の中に保留されたようである。

めざましいのは安達盛長で、源家から北条氏へと近づき、常に幕閣に重要な位置を占めた。『尊卑分脈』を見ると範頼の妻は盛長の娘だが、範頼失脚後も河越氏のような打撃をうけた気配はなく、北条時頼の母、松下禅尼《まつしたぜんに》は盛長の孫娘であるように北条氏との連繋を深めて繁栄を続ける。もっともその後、北条氏自体が変質し、得宗家《とくそう》が確立してゆく過程で安達氏も滅ぼされるが、旗揚げ以来頼朝に仕え、最も長持ちした家系の一つがこの安達氏である。

こうして見てくると、比企尼を出発点にして、その娘の婿たちによって鎌倉の歴史の大半は綴られた、といっても過言ではない。その意味で彼女は鎌倉時代の一原点ともいうべき存在なのである。

忘れられた政子の妹

比企尼に比べると、阿波局《あわのつぼね》の足どりは、いくらかはっきりしているが、彼女の足跡もこれまで、歴史の中では忘れられてしまっていた。

まず、血筋からいうと、北条時政の娘で、政子の妹、すなわち、北条義時にとっても同母の姉妹にあたる。しかも夫というのが、鎌倉に本拠を定めた頼朝を頼ってきた、異母弟の全成《ぜんじょう》——ときけば馴染が少ないかもしれないが、常磐御前の生んだ男の子の中の長男、かつての今若丸である。すなわち源義経の同母兄なのだが、彼の事も今はほとんど忘れられているようだ。じつをいうと彼は頼朝の旗揚げを聞くと、いち早く預けられていた京の醍醐寺《だいごじ》をぬけ出し、義経より先に異母兄頼朝の許に駆けつけた。そこで北条時政の娘と結婚して、頼朝側近の一人として、骨肉の争いにも巻きこまれず、たくみに生きてきた人物である。

これは、北条氏出身の妻の力もあずかって大きかったと思う。頼朝同様、その時点まで所領ひとつ持たなかった彼は、頼朝の弟というより、北条家の婿のひとりという感じであった。以後も彼は義経や範頼のように軍事的活躍もしないし、駿河の阿野《あの》荘のほか大きな所領をもらった様子もない。

が、彼ら夫婦は何の力もない存在だったわけではない。頼朝の第二子実朝が生まれたとき、乳母となるのは、彼の妻なのである(ちなみに阿波局というのは乳母としての名前であって、本名はわからない)。頼家には有力御家人の妻が争って乳母になり、その間の軋轢もかなりあったと思われるのだが、実朝は次男だったせいか、希望者も少なかったらしく、乳母は彼女だけだったらしい。

そして当然、夫の全成は乳母夫として実朝の養育にかかりきりになる。二人の間に生まれた子どもも、そして、阿波局の実家である北条氏も、当然実朝に肩入れする……。

そうした情勢を頭においてみると、当時の政情の謎が意外な角度から解けてくるのである。

これを彼女の行動に即してみてゆくと、まず、彼女は、梶原景時追落としに活躍している。

一一九九年（正治元）十月、侍所の所司（准長官）だった梶原景時は、御家人の小山《おやま》朝光《ともみつ》の些細な言動に文句をつけ、彼に謀叛の志があるとして告発しようとした。ところが、阿波局はいち早くこれを聞きつけ、朝光に通報してやった。朝光は驚いて御家人の仲間に救いを求めに走り廻り、その結果、御家人たち六十余名が景時弾劾書に署名し、ときの将軍頼家に解任を迫った。

かくて、頼朝以来、鎌倉の目付役として権力を振った景時はあえなく失脚し、無念のあまり所領で挙兵し、都に上ろうとしてその途中で誅殺されてしまうのである。

ところが、じつはこの景時も頼家の乳母夫なのである。この事件について、『愚管抄』は一の郎等の景時を失ったのは頼家の不覚だ、と人びとが噂したと書いているが、言わば、これで頼家は外堀を埋められた形になった。このとき火つけ役をしたのが阿波局だということは意味深長である。無責任な女のおしゃべりに似て、彼女の企みは深い所にあったのだ。

もっとも、当時の公家側の日記『玉葉《ぎょくよう》』の伝える事件の真相は少し違う。梶原景時は、そのころ幕府内に頼家討滅の計画のあるのを嗅ぎつけ、頼家に訴えたというのである。が、訴えられた武士たちは、事実無根だと言いはり、対決の結果、景時が敗れて鎌倉を追放されてしまった……。

『吾妻鏡』の所伝とはニュアンスが違うが、しかしまったく異質とはいえない。『玉葉』の語る謀叛の事実を、『吾妻鏡』では小山朝光個人のこととして語っていると見ればよいわけである。そして朝光個人の問題としたところが、じつは『吾妻鏡』の怪しいところで、頼家討滅の大規模な計画をたくみにかくしてしまった、とも考えられる。とすれば、朝光個人の名にかくれた部分は何か。これこそ阿波局を含んだ北条氏の暗躍ではなかったか、と私は思っている。『吾妻鏡』は北条氏寄りの史料だから、こういう部分はたくみにぼかしてしまうのだ。

そう見たとき、『吾妻鏡』の伝える阿波局の動きも納得がゆく。景時失脚はいわば頼家の乳母側と実朝の乳母側との争いだったのだ。

このとき、頼家側もただちに反撃に出た。景時失脚後まもなく全成が謀叛の疑いで捕えられるのだ。このとき頼家側は、阿波局も同罪として引き渡しを迫るが、姉である政子がこれをかばったので、危うく逮捕を免れた。全成はこの後まもなく常陸《ひたち》に流され、そこで殺される。頼家側と実朝側との激しい対立は、じつはこのあたりから始まっていたわけで、その過程で阿波局が頼家側から元凶の一人と目されていた事は、とりもなおさず、彼女の占める政治的位置の重要さを物語るものだ。

こうした激しい抗争の後にやってきたのが、先にもちょっと触れた比企の乱だ。してみると、これは比企対北条という将軍の姻戚どうしの戦いのように見えるが、実質はこれも乳母どうしの合戦でもある。その結果、比企氏は斃《たお》れ、頼家は退陣を余儀なくされ、阿波局の思惑どおり、実朝は将軍の地位につくのである。

この後も、彼女は、ちょっとした活躍をしている。実朝が政子の手許を離れ、北条家の総帥である時政の館に迎えられたとき、それに従っていった阿波局は、時政の後妻、牧の方の態度にうさん臭いものを発見した。早速これを政子に知らせて実朝を連れもどさせるのだが、のちにこの牧の方が画策して、自分の娘婿である平賀朝雅《ひらがともまさ》を将軍にしようとする事件が起こっているところを見ると、彼女の勘はみごとというよりほかはない。のちに北条時政が失脚するのも、この牧の方の動きに関連してのことだから、このあたりの阿波局の活躍は、いわば北条氏内部の主導権争いにも関連した重要なものだったというべきである。

実朝暗殺をめぐって

と、こう書けば——。

たぶん読者の方から反論が出ると思う。

「それではなぜ、北条氏が実朝を殺したのか」と——。たしかにこれはおかしい。しかし私に言わせれば、「北条氏が実朝を殺した」という断定がおかしいのである。実朝が成人して北条氏の言うことを聞かなくなったから、というが、そういう気配はまったくない。すでに頼朝の時とは違って、当時の将軍は、権威の象徴となっている。そして実務は権力者である北条氏がやっている。この両者——権威と権力がワンセットになって幕府は運営されているのである。実朝は北条家にとって大事な大事な養君であり、彼らの権力の存在を保証してくれる「旗」なのだ。

ところが、この「旗」を倒そうとした男がいた。頼家のわすれ形見の公暁《くぎょう》である。周知のとおり彼が鶴岡八幡宮の社頭で実朝を襲ったわけだが、彼の身辺も洗ってみる必要があろう。ふつう彼は北条氏にそそのかされた、と考えられている。政子がこの孫の幼年時代、頼家の死をふびんに思い、その罪滅ぼしの意味もあってか、ひどくかわいがっている事実はあるが、だからといって、北条側が彼をそそのかしたとはいえない。そうした先入観を離れて公暁の周辺を眺めなおしてみると、彼もまた強力な乳母を持っていたことに気づくはずである。

それは誰か。それこそ三浦半島に蟠踞《ばんきょ》する三浦氏である。「三浦一族」で述べるように、彼らは頼朝の挙兵以来の有力な臣下であり、それまでも微妙に北条氏と主導権争いを続けてきた。三浦氏はのちに北条氏に滅ぼされて滅亡してしまうので、今日はあまり顧みられていないが、じつは北条氏に対立する最大の、油断ならないライバルだったのである。『吾妻鏡』をよく読むと、実朝暗殺に先立って、公暁の乳母子である三浦氏の子が、いろいろ暗躍している様子が窺える。そうしたいきさつからみると、この事件は、どうも、実朝・北条に対する公暁・三浦ラインの攻撃と見たほうがいいのではないか。

その理由はいくつかある。一つは公暁が実朝を殺した後で、北条義時をも殺そうとしていること。義時は危機一髪で逃れているが、もし彼らが同調していたとしたら、公暁の行動は不可解である。さらに実朝暗殺に成功した後、公暁は三浦氏の所へ行こうとしている。かねての約束がなければ、どうしてそんな事ができるだろう。

が、三浦氏は最後には公暁には同調しなかった。というのは義時を打ちもらしたため、北条氏側が、早くも態勢をととのえて三浦氏に圧力をかけてきたためらしい。事ならず、と見た三浦氏は、公暁との間に謀議はなかったと主張し、そのあかしとして頼ってきた公暁を自分の配下の手で殺してしまう。あるいは、北条氏にねじ込まれ、降伏の意味で公暁を殺したか、そのあたりは解釈の分かれるところだが、ともかく公暁の死によって事は落着する。

じつは私はそういう想定の下に小説を書いている。しかし、ただの小説的空想ではないつもりであるし、なお疑念を持つ向きにつけ加えておくと、この見方は幸い学者の方々の賛成を得て、この十年ぐらいの間に、学界でも実朝暗殺は北条氏ではない、という見方に傾いてきているようだ。といっても私はここで手柄顔したいわけではない。一見私怨による偶発的な事件と見えるそれが、じつは東国武士団の中の主導権にかかわる争いであったことに注目したいこと、そして、その原因をさぐる手がかりとして乳母制度の歴史的意味を再評価したいのである。歴史の中の乳母の役割、ひいては女の役割をもう一度見つめ直すことによって、もしかすると歴史は大きく書き直されるかもしれないのである。

そうした女の働きを暗示している阿波局についていえば、実朝死後の政局はかなり不安定だったらしく、彼女の子供の阿野時元《あのときもと》らは謀叛を企てた罪によって自殺せしめられている。彼女自身は六十過ぎまで生き、政子の没後まもなく世を去った。

頼家と実朝

将軍家の嫡統をつぎながら、そろって若くして非業の死を遂げた兄弟――源頼家と実朝は、日本史上の悲劇の双子星といえるかもしれない。しかも兄頼家のむざんな末路が、そのまま弟の死因となっているのだから、のろわれた血の持主というよりほかはない。

感慨ぶかいのは、二人とも、その暗い死とはうらはらに、誕生の光景がじつにはなやかなことだ。その薔薇色にいろどられた劇的な序曲は、むしろその華麗さのゆえに、悲惨な最期と思いあわせて、かえって眼をそむけたくなる。

頼家の生まれたのは一一八二年（寿永《じゅえい》元）、父頼朝はまだ平家との対決を遂げてはいなかったが、関東武士団の棟梁として鎌倉に居を定め、大いに野心を燃やしていたときだった。しかも年はすでに三十六、当時のならわしなら子供が七、八人はいてもよい年頃だったのに、まだ女の子の大姫ひとりしかいなかった彼は、妻の政子がみごもったと知ると、大騒ぎをして、男子誕生を鶴岡八幡宮をはじめ各地の社に祈願した。

鶴岡八幡宮から海辺への道が一直線になおされ、石をつんで参道らしくなったのもこの願いをこめてである。この道は現在も「置石」とか「段葛《だんかずら》」とよばれて、八幡宮への参道として昔のなごりを伝えている。観光客はなにげなく歩いているけれども、じつはこの道こそ、頼家の出生ゆかりの道なのである。

政子はやがて男子を生んだ。鎌倉じゅうはわきたち、御家人からの祝いの品は、馬だけでも二百頭に達したという。三夜、五夜、七夜などの祝宴も、有力御家人の手で盛大にいとなまれた。

その十年後の一一九二年（建久三）に、次男の実朝が生まれたときも、これにおとらぬ大騒ぎをした。ちょうど、その年の七月、頼朝は待望の征夷大将軍に任じられた。京都からその辞令を持ってやってきた勅使を手厚くもてなして帰したと思ったら、その直後八月九日に実朝が生まれたのだ。

名実ともに大将軍の息子の誕生である。御家人たちの献上品はひきもきらず、二夜、三夜、四夜と、連日祝宴がひらかれた。頼朝の地位も権力も前とは格段に強まっていたからといえばそれまでだが、次男坊の誕生祝いにしては少し大げさすぎるほどの催しだった。

しかもその年の暮に、頼朝は北条氏以下のおもだった御家人を集めた席に、みずから実朝を抱いてあらわれ、

「この子は特に愛している。各々心を一つにして、この子を守ってほしい」

といって、ひとりひとりにその子を抱かせ、誓いの杯をかわさせたという。

これは『吾妻鏡』にある記事だ。一見なんのことはない頼朝子ぼんのうの一幕のようにみえるが、この事はちょっと目をとめておいてよい。だいたい『吾妻鏡』は、鎌倉中期に編纂された幕府側の手になる歴史書だから、北条氏中心に書かれている。さりげない記事の中にもたくみに北条氏を弁護するための伏線をはっているようなことが多い。この記事も、のちに頼家から実朝へと強引に将軍職を交替させた事件を正当化するための、巧妙な伏線と見られないこともない。

これに限らず頼家、実朝に関する『吾妻鏡』の記事には、いやに意味深長なものが多い。またそれだけに、現在でも彼らの死をめぐって推理小説的な興味をいだかせる部分が多分にあるともいえるのだが……。

ともあれ、十年の隔たりをおいて、二つの幼い命は華麗な船出をした。その興奮のうずの中にあって、だれが、二人の悲惨な最期を予感したろう。が、じつは、このはなやかな祝宴のかげに、はやくも不幸の翳《かげ》は兆しているのである。

しのびよる運命

多くの人はあるいは見すごしていたかもしれない。が、後になれば、このとき彼らにしのびよっていた運命の翳に思いあたるはずだ。そのことを『吾妻鏡』は、例によって、さりげない筆で、たった一行ばかりで書き流している。たとえば、頼家については、

「男子が生まれ、比企尼《ひきのあま》の娘である河越太郎重頼《かわごえたろうしげより》の妻が召され、御乳をさしあげた」

実朝のところでは、

「巳刻《みのこく》、男子が生まれた。阿野上総《あのかずさ》の妻の阿波局《あわのつぼね》が御乳付に参上した」

としか書いていない。今の感覚では、ただ乳母《めのと》が召されただけのようにみえるが、これはなかなか大事な記事だ。

当時の乳母というのはただ乳をやるだけではなく、夫も子供も、それこそ家ぐるみでその嬰児のめんどうをみる大切な役だったことは、「比企尼と阿波局」の章で少しくわしく触れておいた。頼朝の長い流謫《るたく》の生活の間、一切の生活の資を送りつづけたのは、比企尼とその娘婿の河越重頼、養子の比企能員《よしかず》たちだったのである。

比企一族は比企尼が頼朝の乳母だったせいもあって源家とは縁が深い。尼の娘が頼家の乳母に選ばれたのもそのせいだし、そもそも政子の出産にあたって、比企能員の館が

産所に選ばれている。もっとも、頼家の乳母は比企氏だけではなく、梶原景時《かじわらかげとき》とか、平賀義信《ひらがよしのぶ》とかいう有力な御家人たちの妻も選ばれている。が、これまでの因縁をみても、どうも頼家の乳母としては比企氏の勢力が強いようだ。やがて頼家は成人すると、比企能員の娘の若狭局《わかさのつぼね》を寵愛するようになるが、これも自然のなりゆきだろう。

さて、それでは、実朝の乳母、阿波局とは何者か？　そしてその夫阿野上総とは？……じつはこの阿野上総こそ、頼朝の異母弟の阿野全成であり、阿波局は御台所政子の実妹、すなわち、北条時政の娘であった。

となれば、実朝の背後の勢力は自然とはっきりするはずだ。頼家に比企一族がついたように彼の背後には北条一族が控えているのだ。比企対北条――。誕生のそのときから、二人は宿命の星を背負わされていたのである。

将軍頼家の変貌

まず頼家の少年時代をふりかえってみよう。一一八八年（文治四）七月、七歳になった頼家（このころはまだ幼名で万寿《まんじゅ》といっていた）は甲着ぞめを行なった。このときも比企はじめ有力な御家人がかいがいしく世話をし、あどけない頼家は、美々しい鎧甲をつけ、御家人にかかえられて馬に乗り、御所の庭を一周した。

このころは源平合戦生残りの荒くれ武者も多かったせいか、頼家も武技にはげんだらしく、十二歳で父頼朝と富士の裾野に巻狩にいったときは、鹿を射とめて人びとを驚かせた。もっとも、これを喜んだ頼朝が、親馬鹿ぶりを発揮して、鎌倉の政子のところへ急使をやって知らせると、

「武門のあとつぎたるものが、鹿をとったところで何の珍しいことがありますか！」

虫のいどころが悪かったらしい彼女に、ぴしゃりとやられるという一幕もあったが……。

以来、頼家に関する記事は、『吾妻鏡』にはほとんどみられない。そして、父の死後、その跡をついで将軍頼家として登場したとき、私たちは、その変貌ぶりに驚かされてしまうのである。

弓馬の術にたけた、勇敢な御曹子《おんぞうし》頼家はもうそこにはいない。いるのは、酒と女の好きな、だらしない、わがままな放蕩息子だけだ。将軍の重要な義務である八幡宮参拝などにも不熱心で、熱中しているのは、京から伝えられた蹴鞠《けまり》だけ。富士の裾野で鹿を射とめた彼はどこへ行ってしまったのか？　人間はこれほどまでに変わりうるのか？

その答えは、二つあると思う。一つは、二十になるかならずの彼を自棄的にさせずにはおかない事件が起こったからだ。というのは、将軍になってまもなく、彼は、訴訟の裁断権をとりあげられてしまったのだ。

「まだ将軍家はお若い」

「めんどうな訴訟は老臣どもが引きうけます」

というようなわけで、大小にかかわらず、訴訟は有力な御家人十三人の合議制によって裁断されることになった。

若い彼にとって、これはかなり屈辱的なことだった。これではまるで将軍としての能力を否定されたようなものではないか。

――みな、俺を軽蔑している！

やりばのない気持から彼は自棄への道を突走る。

が、これは客観的にみれば、彼の無能力だけから起こったことではないようだ。そのかくれた原因は、先に述べた比企氏と北条氏の微妙な主導権争いにある。北条氏は頼家の独裁を警戒し、その背後にある比企氏の進出を恐れたのである。合議制はそれを抑えるための苦肉の策ではなかったか。しかも頼家の他の乳母たちもそれぞれの思惑で互いに牽制しあっている。それが奇妙な均衡を生んで、合議制を成立させたとは見られまいか。

が、若い頼家はそうは思わない。やけになり、ますます放蕩をかさねてゆく。

それにもう一つ、『吾妻鏡』を読んでいると、どうも、わざと意地悪く、頼家の非行をあばきたてているような傾向がある。そのために彼は実際以上に蕩児ふうに仕立てられてしまったところがある。

そのいくつかをひろってみよう。

裁断権をとりあげられた頼家は、小笠原《おがさわら》、比企などお気に入りの若者五人を側近とし、この五人が鎌倉で乱暴をしても手向かってはいけないと言いわたし、さらにこの五人以外は頼家の許へ出入りを禁じた。

また、あるときは、家人《けにん》の安達景盛《あだちかげもり》が、京下りの美女を寵愛しているときくと、口実を設けて彼を三河《みかわ》国にやってその留守に女を奪い、その上、帰ってきた景盛を討とうとした。これは母親の政子にその無法をたしなめられて、やっと思いとどまっている。

また、ある所領争いについて特に決裁を求められたとき、双方の申し立てもきかずに、いきなり地図の中央にぐいっと線をひき、

「これが境界だ。狭い広いは運不運と思え」

と、ひどく無責任な判決を下した。

どれ一つとっても非常識きわまる。これでは将軍をやめさせられるのもあたりまえだと思うような愚行の連続だ。が、これは『吾妻鏡』の巧妙なわなではないか。わざと頼家への批難は一言もさしはさまず、冷酷に愚行だけを並べたてて、それで頼家から実朝への交替を納得させようというやり方は、なかなか知能的だ、ともいえる。

もしこのあと比企方が勝ち、その史料が残れば、おそらく頼家の人間像もだいぶ違っ

てくるのだろうが、『吾妻鏡』が残ったことによって、頼家の姿は実際以上に歪められているように思われる。

破局への道

その後まもなく、合議制がくずれはじめた。しょせん権力争いの産物で、民主的なものではなかったのだから、早晩行き詰まることはあたりまえなのだが。

まず脱落したのは梶原景時だ。彼は義経の敵役というので評判がよくないが、これはあまりにも感情的な評価である。彼は当時侍所の所司という役で、これは今でいうなら陸軍大臣兼憲兵隊長、それに警視総監や検察庁長官をかねたようなもので、御家人の軍規違反を取り締まるのが仕事だ。義経を批難したのも彼が頼朝の定めた軍律に違反したからで、決して私利私欲にからんだ讒言《ざんげん》ではない。いわば彼は職務に熱心で、かつ鎌倉武家政権に忠実な実力者といったところだ。当時の第一級の文化人である大僧正慈円《じえん》が、その著書の『愚管抄』の中で、彼を鎌倉本躰《ほんたい》の武士——鎌倉武士中の主流派と言っているのが最も当を得た批評ではあるまいか。景時の失脚の経緯は「比企尼と阿波局」で触れた通りだが、それはすなわち頼家にとっては、有力な乳母の夫をひとり失うことであり、手痛い損失であった。なぜならこの後、頼家の身辺には、妖しげな雲がただよい始めるからである。まず、実朝の乳母の夫であり故頼朝の弟である阿野全成の陰謀が発覚した。彼は頼家を廃して実朝をたてようとしたらしい。当然彼の妻の阿波局も関係しているはずだが、政子は実の妹をかばって、事をうやむやにしてしまい、結局、全成だけが殺された。

実の叔父や叔母が自分をなきものにしようとしている……。これは彼にとって相当ショックだったに違いない。しかも母がその叔母をかばったことから、母との間にも溝ができたのではないだろうか。もともと、成人してから、彼は母の政子とはあまりしっくりゆかなかったようだ。彼が寵姫の若狭局の言うことばかりきくことに政子はいらだち、また彼は彼で嫉妬まじりの母の愛情に、わずらわしさを感じていたのではないか。

こうして、頼家・比企氏と北条氏の間の対立はしだいにぬきさしならないものになっていった。そして一二〇三年（建仁三）九月、彼が重病の床についたとき破局がやってきた。

『吾妻鏡』によれば、このとき、彼が危篤に陥ったので、跡目の問題が起こり、彼の長子の一万と弟の実朝（このころはまだ幼名で千万といっていた）に分割相続させることにきまった。この一万は比企能員の娘、若狭局の生んだ子供なので、当然能員から抗議が出た。

「分割する必要はない。一万が相続すべきだ」

彼は頼家の枕頭に来て北条氏追討の相談をした。このとき、ちょうど頼家の母の政子がやってきて、これを立聞きし、大急ぎで時政に知らせたので、時政も腹をきめ、能員をおびきよせて殺し、ついで比企の館を襲って、一万もその母若狭局も殺してしまった。頼家は奇跡的に病気が回復し、のちにこの事を聞いて憤慨したが、どうすることもできず、ついに九月七日、母の政子の言葉に従って出家し、伊豆の修禅寺《しゅぜんじ》に送られた。そして一年後にその地で死んだ。

が、この話もじつはすこしおかしい。だいたい頼家の跡目を分割相続させるという『吾妻鏡』の記事も作り話ではなかったか、と私は思っている。もちろん比企能員がそれに反対したというのもでっち上げで、初めから北条氏は比企を討つことだけしか考えていなかったのではなかったか？　能員は北条時政の館におびきよせられたとき、ほとんど無防備な装束で出かけているが、もし本当に能員が北条追討を考えていたら、そんな不用意なことはしなかったはずだ。

しかもこのとき、この合戦が終わるか終わらないうちに、北条氏は京都に使いをとばして、実朝を将軍にしてほしいと申請している。頼家が出家したのは七日だが、その同じ日付で京都では実朝を将軍にする辞令を出しているのだ。その上、当時京都では頼家が死んだと思っていたらしい。有名な歌人、藤原定家も、その日記『明月記《めいげつき》』に「頼家が死に、跡目のことで争乱が起き、頼家の子が時政に殺され弟が跡をつぐことになった」

と書いている。

してみると頼家は比企一族ともども死ぬ「予定」だったのか？ 定家はこれを伝聞記事として書いているにすぎないが、北条氏は頼家の死を見越して手を打ったのではあるまいか。ところが、その後、皮肉にも頼家が生きかえってしまったので仕方なく伊豆へ幽閉してしまったのであろう。

頼家は一年後に伊豆で死ぬが、それも尋常な死ではない。北条氏の手勢に殺されたことはほぼ確実で、例の『愚管抄』は、なかなか捕えられないので、とうとう首に紐をまきつけたり、急所を押えたりして殺したと、そのむざんな最期を伝えている。

もっともこれだけを見て、北条氏だけを残虐だと言うのはどうだろうか。もし比企が勝っていれば、北条方が同じような目にあわされなかったとは言えないからだ。頼家の悲劇は、北条氏を敵としたための悲劇ではなくて、幕府の中の有力御家人の血みどろの権力闘争にまきこまれたためのものである。しかもその死が、さらに弟の非業の死を導くのである。

青年詩人・実朝

実朝が兄の跡をついで将軍職についたのは十二歳のときだ。彼に対する『吾妻鏡』の眼は、頼家をみるときほど冷酷ではない。何となれば、彼は北条政権の象徴的存在だったから。が、またそのゆえに、書き残しているエピソードも、象徴としてふさわしい微温的なもので、政治家としての片鱗をうかがわせるに足るものは、きわめて少ない。たとえば、歌のすきな彼が、御家人の歌に感じて、その罪を許したという話は二度も出てくる。頼家とはちがった彼のやさしさを強調するためのエピソードと思われるが、これはあながち作り話ではないようだ。そのことを感じるのは、彼の木像を見たときである。どこまで彼の真実のおもかげを伝えたものかはわからないが、ここに彫りあげられている彼は、一見、ひよわな文学青年ではない。がっしりした体格と、重厚な、東国的な風貌。が、伏せられた瞳には、デリケートな恥じらいがある。ふしぎに、実朝とはこういう人間だったのではないかと思わせる像だ。

こうした、一見もっさりしたタイプの人間は、外見が繊細な感じの人間よりも、かえって敏感で、やさしい魂を持っているものだ。そして、自分自身、ぎこちない外貌と、デリケートな魂とのアンバランスにとまどい、さらに内向的になってゆくような所がある。『吾妻鏡』をみても美貌ではなかったようで、重い疱瘡《ほうそう》をわずらい、それを気にしてか、その後しばらく外出を避けている記事がある。

しかもこうした内向的な人間ほど、内にこもって燃えるものは激しく、一度こうと思ったら、決して後へはひかない。十三歳のとき、母の政子がすすめた従妹との結婚をふりきって、都の公家から妻を迎えたというのもそのあらわれだ。彼は幼いとき、両親とともに一度だけ都へ上っている。思うにそのときの印象が、彼に深い衝撃をあたえ、以来、都ふうの文化へのあこがれが彼の胸の中で消えなかったのではあるまいか。

そしてそれはまた、彼の歌への傾倒にも通じる。十四歳のとき、十二首を作ったのをはじめに、彼はしだいに和歌の世界のとりことなった。当時第一の歌よみであり、世渡りの面でもぬけ目のなかった藤原定家が、そのころできあがったばかりの『新古今和歌集』や、秘蔵の『万葉集』を贈ったり、『近代秀歌』という歌論集をわざわざ書いて御機嫌をとったことも、彼の歌への傾倒を深める原因になった。

もっとも、定家のような専門的な習練をつんでいない彼の歌は、当時流行の新古今調の技巧の極というものにはなりきっていないが、それだけに、すなおな、何物にも汚されていない、みずみずしさを持っている。彼の歌集『金槐《きんかい》和歌集』の中にある作品の多くは、習作の程度を出ず、とりわけすぐれたものとはいえないのだが、それでも、中にはその素人めいたすなおさを生かした傑作もある。師定家から贈られた『万葉集』的な世界を直感的に把握して独得の歌境をひらいたのであろうか。この点、理論的には『万葉集』を賞讃しながらも、現実にはその美意識を作歌に生かしきれなかった師定家をしのぐ面があったともいえる。

大海の磯もとどろによする波われてくだけて裂けて散るかも
いとほしや見るに涙もとどまらず親もなき子の母をたづぬる

などの歌は、率直な感慨を生かした佳作である。

彼のロマンチックな性格が、さらにはっきりあらわれるのは一二一六年（建保四）に計画した渡宋計画だ。これは例の奈良大仏の修理再興に活躍した中国人の仏師陳和卿《ちんなけい》が、鎌倉へやってきて、実朝を拝し、

「あなたさまこそ、前世は宋朝医王山《いおうざん》の長老（最高の僧）だったお方。私はそのときの門弟の生まれ変わりでございます」

と言ったことから始まった。ちょうど数年前、実朝は偶然同じような夢をみていたので、すっかりこれを信じ、ついに船を作って中国に渡り、医王山を参拝する計画をたてた。周囲はこぞって反対したが実朝はきかず、陳和卿に命じて大きな船を作らせた。が、翌年いよいよ進水させてみると、どうやってみても船がうかばない。ついに実朝の渡宋計画もむなしく沙汰やみになってしまった。

しかし彼は、和歌を詠じたり、渡宋計画にうちこんだりしていただけではなかった。象徴的存在とはいえ、将軍である以上、実際政治にも全然無関心だったわけではない。が、やはり彼のデリケートな性格から、そこにはおのずから限界があったようではあるが。

畠山重忠が謀叛の疑いで殺されたあと、その子を生捕りにせよと命じられた長沼宗政《ながぬまむねまさ》という武士が、これを殺してしまったことがあるが、これをなじった実朝は、かえって宗政から猛反撃をうけた。

「将軍は歌や鞠ばかりを愛し、武技は休業状態だ。生捕りにしてもきっと女性の訴えをきいて許してしまうに違いないから殺したのだ。だいたい将軍は、女のいうことばかりきいて、謀叛人から没収した土地も手柄のあったものに与えず、女性にやってしまうではないか」

たしかに荒くれの関東武士と実朝の間には少しずつ隔たりができてきたようである。しかし、政治的にまったく飾りものだったわけではなく、所領問題などで、都の朝廷との間にいざこざの起きたときは、彼は鎌倉の代表者として抗議を申しこんでいる。歌の上では朝廷の実力者後鳥羽上皇とは親しかったが、それと政治上のことは別と見たほうがいい。この意味で興味のあるのは、

山はさけ海はあせなむ世なりとも君にふた心わがあらめやも

の歌だ。戦争中にさわがれたような純粋な忠君愛国のほとばしりでないことはあきらかだが、これを彼の矛盾した立場を詠んだ苦悩の歌とみるべきか、あるいは、社交的な挨拶の歌とみるかによって、評価の分かれるところであろう。私は近頃では、鎌倉の王

者である彼が、西国の王者に贈った儀礼としての歌だという見方に傾いている。後鳥羽の場合にも見るように、歌を作ることは、中世の政治家の一つの条件でもある。実朝が現実の政治から隔離されていたためにうさばらしに歌を作っていたとだけ見るのは近代的解釈すぎよう。東国武士には軟弱な王者に見えたかもしれないが、彼は彼なりに、帝王学として歌の修業を積んでいたのではないだろうか。

謎を秘めた悲劇の最期

そのころ彼はしきりに官位の昇進をのぞんでいた。幕府の行政長官の大江広元はこれをいさめたが、

「私は子供がなく、源氏の正統はおしまいだ。だからせめて高官になって家名をあげたい」

と答えたので、さすがの広元も、かえす言葉がなかったという。

そして、ついに彼は鎌倉にいながら右大臣に任じられた。鶴岡八幡宮でその拝賀の式を行なった一二一九年（承久元）一月二十七日、突然の不幸が彼を襲ったのである。

ちょうどその日は大雪だった。夕方から行なわれた拝賀の式を終わって実朝が石段を降りかけたとき、ふいに人影があらわれて、彼に襲いかかった。そして、居並ぶ人びと

はきいたはずである、その怪人物が一声高く叫ぶのを……。

「親のかたきはかく討つぞ！」

それこそ、なき頼家のわすれがたみで八幡宮の別当（長官）になっている二十歳の青年僧、公暁《くぎよう》その人であったのだ。

雪を朱に染めて実朝は倒れた。混乱を尻目に公暁はその首をとり、

「今こそわれは東国の長者だ」

と、乳母夫《めのと》、三浦義村の所へ出かけていったが、かえって三浦氏のために討ちとられてしまった。まことにむざんなダブル殺人事件である。

今までの通説では、これは北条氏が公暁をそそのかして実朝を討たせ、権力を一手に収めようとした陰謀事件だ、ということになっている。が、こう解釈すると、じつは辻褄のあわないことがでてくる。

公暁はこのとき、北条氏の中心人物である義時とまちがえて、他の人物を殺しているからだ。つまり、公暁はこのとき、義時をも殺そうとしている。両者の間に了解があったという解釈が成立たない理由の一つはここにある。この矛盾を解決するために、私が公暁とその乳母夫三浦義村とのクーデター説を提唱していることは、すでに「比企尼と阿波局」の章で触れておいたので、ここでは繰返さない。ただし『吾妻鏡』は、例によって事実を並べただけの意味深長な書き方をしているので、真相はきわめてつかみにくい

のである。

ただこの事件が、すべて北条氏の策謀とみられるようになった理由の一つに考えられるのは、後世になって生まれた源平交替の思想である。これによれば日本の政権は北条（平氏）足利（源氏）織田（平氏）徳川（源氏）と交替したと考えられた。しかも徳川は足利の子孫と称していたので、先祖の足利氏を滅ぼした北条氏のことは何かにつけて悪者扱いにし、その当時のすべての罪を北条氏になすりつけるような傾きができていたのである。

が、そうした先入観を離れて、いま、もう一度この事件は見直す必要がありそうだ。そうすれば背後に浮かんでくるのは、頼家のときと同じく乳母の問題である。こうした乳母族―有力御家人の血みどろな対決のあとに、北条氏の執権時代が来るわけだが、頼家、実朝の横死は彼ら実力者の闘争にまきこまれた象徴将軍なるがゆえの悲劇といえるかもしれない。

北条義時

無為無策の半生

日本史の中で、北条義時は最も興味ある一人だ、と言うと、相手はたいてい妙な顔をする。年配の人なら、承久の乱に三上皇を島流しにした悪人じゃないか、と言い、あるいは鎌倉の源氏を三代で根絶やしにした張本だろうと言う。

たしかに彼をとりまく悪評は高い。そしてその悪評を差し引くと、後には何も残らない。そうなのだ。彼は歴史上の人物の中では呆れるほどエピソードの少ない人間なのだ。しかし、私はむしろそのことに他の史上のヒーローたちと違ったおもしろさを感ぜずにはいられない。

彼の生まれたのは一一六三年(長寛元《ちようかん》)、父は伊豆の小土豪北条時政。母は『尊卑分脈』

では伊東入道の娘としているが確証はない。以後の歴史の展開の中で、北条と伊東は対立しこそすれ、親族的なつきあいはほとんど見られないし、またそのせんさくは、あまり意味を持たないように思われる。というのは、母親はその十数年後——少なくとも一一七五年（安元《あんげん》元）あたりに世を去ってしまっているからだ。というのは、この年に生まれた弟の五郎時連《ごろうときつら》（時房）が同腹の兄弟の末子らしく思われることからの推定なのだが、兄弟姉妹の関係については、「北条政子」の章を参照していただきたい。義時は幼いころは小四郎《こしろう》と呼ばれていたらしい。とすると、第四男と思われるが、わかっている兄は三郎《さぶろう》宗時だけだから、上の二人は早逝してしまったのだろうか。

当時の北条氏は、単なる伊豆の豪族のはしくれにすぎず、したがって義時も、そのへんに見かける小倅の一人でしかなかった。狩野川《かのがわ》の流域に本拠を持つ北条家の若者として、仲間とともに川で泳ぎ、猪や鹿を追い、尾根や川筋を馬に乗って走り廻る、といった自然児そのものの生活を送ったのであろうが、当時を物語る材料は何一つ残っていない。

が、彼が十三、四になったころ、姉の政子が、近くに流されてきていた源頼朝と結ばれたことから、彼の運命は少しずつあたりの青年たちとは違ったものになっていった。姉の一途な恋を、少年義時がどんな眼で眺めていたかはわからないが、ともかく、頼朝は、以後北条氏の婿のような形で彼らの生活の中に迎え入れられる。しぜん義時も頼朝に近づき、ときには狩や遠駈けに従う、といったこともあったかもしれない。が、例によって義時は当時のエピソードのかけらほども、歴史の中に残してはいない。

やがて一一八〇年(治承四)、旗揚げの時が来た。当時の頼朝が頼みにした親衛隊はもちろん北条氏——。十八歳になっていた義時も、兄宗時とともに緒戦の山木攻めに参加はしているが、このときも、とりわけ手柄を樹《た》てた気配はない。その後の石橋山の戦いは周知の通りの敗戦で、ここでも目立った活躍は見せていない。父と別れて、同志の三浦一族と連絡をつけるべく別の道を辿った兄の宗時はこのとき討死している。義時は兄のように敗死しなかったのがせめてものことで、危うく敵の目を逃れて、頼朝と相前後して、安房へ落ちのびた。

その後の彼の消息ははっきりしないのだが、父に従って甲斐・信濃の源氏に挙兵をすすめて廻っていたらしい。その呼びかけに応じた甲斐源氏が、富士川に着陣したのは、その年の十月。東下してきた平家軍を奇襲し、潰走《かいそう》させたのは、この甲斐源氏の軍勢である。もっとも、ここでも義時自身は、とりたてて戦功があったわけではない。これは彼の生涯について廻ることだが、どうも武者働きはあまり得意でなかったらしく、その方面の話はほとんど『吾妻鏡』には出てこない。北条氏寄りの『吾妻鏡』のことだから、少しでも武功めいたものがあれば、針小棒大に書きたてるところだろうが、その気配がほとんど見られないのは、逆さにふっても武功には縁のない男なのか。どうやら彼は「何もしない男」らしいのである。

しかし、私はこのあたりが義時のおもしろいところだと思う。とかく人びとは戦陣での華やかな活躍に目を奪われがちで、弓馬の術にたけた人物を英雄視する傾向があるが、本当はむしろ、こうした個人プレーではろくな働きをしないほうが大成するらしいのだ。

さて、この後、頼朝の周辺には奇妙な平和がやってくる。嵐の前の静けさ、とでもいおうか。政子が長男の万寿（後の頼家）を生んだり、頼朝がその間に亀の前を寵愛して夫婦の間に大騒動を起こすのはこのときである。この亀の前事件は、一見他愛ない痴話喧嘩のようにみえるが、そのじつ、政子の後に控えた北条時政の鬱憤ばらしも含まれていた。伊豆時代には無一物の流人であり、北条氏の婿として扶持をうけていた頼朝が、鎌倉入りして以来、しだいに態度が変わってきた。その上、三浦、小山、比企といった旧臣がわっとそのまわりをとりかこみ、ともすれば小土豪の彼は無視されがちになる。せっかく生まれた万寿の周囲は比企や梶原などの有力御家人の妻たちが乳母《めのと》になってとりかこみ、北条家は指も触れられないありさまである。それやこれやで心中おもしろくなかったところへ起きたのが亀の前事件なのであった。しかもこのとき、亀の前の隠れ家を毀《こわ》しにいったという理由で頼朝に譴責《けんせき》されたのが、自分の妻、牧の方の身内だったから、時政の怒りは爆発し手勢をまとめて伊豆に引揚げてしまった。

ところでこのとき、義時は、いかにも彼らしい行動をとる。一族総引揚げの折、彼はひとり鎌倉に居残るのだ。ここでも彼は、「何もしない」のである。頼朝は時政の伊豆引揚げを聞いて激怒した。いや、怒ったように見せかけたが、内心震えあがったのではないか。まだ鎌倉での生活は緒についたばかり、表面は「御所様」とあがめられていても、手勢のない悲しさ、親衛隊の北条一族に引揚げられては、身辺はまことに心細くなってしまう。あわてて北条館に人をやると、義時一人は居残っているという。とたんに頼朝は相好を崩し、夜中だというのに、わざわざ義時を呼びだして賞詞を与えた。

「北条鬱念ニ住シテ下国ノ条、殆ド御本意ニ違フトコロナリ。汝吾ガ命ヲ察シテ彼ノ下向ニ相従ハズ、殊ニ感ジ思シメス者ナリ。定メテ子孫ノ護タルベキカ」

「子孫ノ護」云々はどうも後の北条氏のあり方をにらみあわせての虚構の匂いがするが、『吾妻鏡』のこの一文は、当時の状況をかなりよく伝えている。さらに『吾妻鏡』は、頼朝が、追って褒美をやるからなと言うのに義時はとやかくも言わず挨拶だけして帰った、と伝えている。

どうやら義時は無口な男だったらしいのだ。いや、口をきくことの効果を知りすぎているので、かえって、うかつなことは言わなかったということなのかもしれない。軽々しく動きもせず、軽々しく口も開かず、しかしそこにいるだけで何かを周囲に感じさせる彼の片鱗を、ちらりと窺うことができる。

この小休止の時期をはさんで、頼朝以下の東国武士団は、ふたたび戦乱の時期に入り、木曽攻め、平家攻めに移るのだが、このときも義時は目立った活躍はしていない。彼が出陣したのは一一八四年（元暦《げんりやく》元）の平家攻めからだが、彼の加わった源範頼軍じたい、華々しい戦いぶりを見せなかったためもあって、源義経に見るようなあざやかな戦功は樹てていない。

このとき範頼は山陽道を陸路西下して九州を制圧することを命じられていたのだが、中国筋は平家の長年の根拠地だったから、進出は容易でなかった。このとき義時は下河辺《しもこうべ》行平《ゆきひら》や渋谷重国《しげくに》らとともに、九州上陸の先陣をつとめた、と『吾妻鏡』にはあるが、はたしてどれだけの活躍をしたのか、詳細は報じられていない。下河辺行平については、自分の鎧を売って舟を買った、といったリアルな記事があるのに、義時はただ先陣の一人として名前を連ねるだけで、北条氏寄りの『吾妻鏡』の書き方としては、いささか迫力がない。意地悪い見方をするならば、義時の名だけでも書き添え、わずかに面目を保たせようとしたのではないか……。

もっとも当時北条氏はまだ小土豪である。率いる手勢も少ない若年の義時であってみれば、働こうにも働けなかった、というところであろうか。それにしても、彼より幾つも年上でない義経のめざましい働きに比べると、やはり、戦さは得手ではなかったというよりほかはない。

合議の座にも発言なし

戦乱の季節の終わった後も、義時の無為の時代はかなり続く。頼朝の身辺に近侍し、その信頼を得ていることはわかるのだが、『吾妻鏡』に見える彼の行動は、儀式の供奉《ぐぶ》がほとんどであって、いわゆる「並び大名」の一人にすぎないのだ。頼朝の二度の上洛にも、もちろん従っているが、政治的にはほとんど啼かず飛ばずで十数年を過ごす。二十代から三十代の半ば過ぎまで、男の働き盛りを、彼はまったくなすこともなく費やしてしまう。気の短い男なら、いい加減人生を諦めてしまうほどの長さである。周囲の人間の目にも、

——ああ、あいつは、あれだけの奴さ。

ぐらいにしか映らなかったのではあるまいか。が、じつは、義時が真価を発揮するのは、その後なのである。

一一九九年（正治元）頼朝が死ぬと、幕府内には、微妙な変化が起こりはじめた。まず、頼朝の死後、数か月めに、二代将軍は訴訟の裁断権を停止され、十三名の重臣の合議によって運営されることになるのだが、この一人として、いよいよ義時は政治の表面に登場してくるのである。

このときの顔ぶれを見ると、三十七歳の義時は、他の十二人に比べてひどく年若だ。一世代——いや二世代ほどの隔たりがある。これはしかし才能が認められて抜擢されたというよりも、幕閣内の御家人の力関係によるものと思われる。

もちろんこれを強力に推進したのは父の時政だ。頼家の将軍就任以来、外祖父としての地位は固まったように見えるが、頼朝以前からの源氏とのつながりを誇る三浦氏、頼家の乳母夫の比企能員(彼の娘はすでに頼家との間に男の子をもうけている)などがずらりと顔を並べているので油断はできない。そこでやみくもに義時を合議のメンバーの中に押しこんだというのが真相ではないか。そのような派閥争いの場であってみれば、虚々実々のわたりあいが繰返されたと思うのだが、彼の登場する場面は、思いのほかにのどかである。

この翌年のこと、都において若狭前司《わかさのぜんじ》保季《やすすえ》という男が、ある御家人の郎党に殺害されるという事件が起こった。これは保季が、この郎党の妻を犯したことが原因で、いわば非は多分に保季にあるわけだが、この処分について、鎌倉の行政長官ともいうべき大江広元は、わざわざ義時に意見を求めた。このとき義時は、

「殺された保季は、諸院宮にも昇殿を許された、れっきとした官人である。それを殺した以上、犯人は検非違使庁に引渡すべきだ。それも武士の面目を賭けての殺人ではなく、いわば私怨による白昼の犯行だから見逃すわけにはゆかない」

と答えたという。法律問題に通暁した広元がわざわざ義時に意見を聞いたところを『吾妻鏡』は書きたかったのだろうが、今感じるのは、こうした挿話のためにむしろ義時の合議の場での本来的な活躍がかくされてしまっていることである。もっと重大な、権力をめぐってのせめぎあいで、彼がどんな活躍をしたかについては残念ながら何の手がかりもない。彼は依然として「何もしない男」のようにみえる。その後の活躍を見るために、われわれはまだ数年待たねばならない。

義時、陣頭に立つ

その後数年の間に、幕閣では世代の交替があった。挙兵以来の宿老組は相ついで世を去ったし、中には、梶原景時のように権力闘争から脱落していったものもいる。例の合議制のメンバーを見渡すと、大江広元らの行政官僚を除くと、北条父子のほか残っているのは、比企能員、和田義盛くらいである。北条氏にとっては事態は有利に展開してきたとはいえるものの、それだけ、比企、あるいは三浦氏との対立はあらわになった。

そして、一二〇三年（建仁三）九月、ついに北条氏と比企氏の武力対決が行なわれる。いわゆる「比企の乱」といわれるのがこれで、病床にあった頼家が危篤に陥り、このままにしておくと、比企の娘、若狭局との間にもうけた一万（幡）に将軍職が譲られる情勢になってきたので、機先を制して北条氏が比企一族を襲ったのである。

　このとき、まず北条方は、比企能員を謀計をもって北条館におびきよせて殺してしまった。そうしておいて、隙を与えず、比企の館を襲って一族を誅滅《ちゅうめつ》してしまったのだ。もちろん若狭局や一幡も、その例外ではなかった（『愚管抄』では、若狭局と一万の死を少し後のこととしている）。そして鎌倉で行なわれた初めての大規模な兵乱の陣頭に立った者こそ、他ならぬ北条義時その人だったのである。これは明らかに私闘である。が、彼はぬかりなく、姉政子の「尼御台としての仰せ」を振りかざしている。彼のこうしたぬけめのない手の打ち方は、その後しばしば見られるところなのである。

　ところで、この惨劇の行なわれた後、皮肉にも危篤の頼家が息を吹きかえしてしまった。事の顛末を聞いて激怒した頼家は、すぐさま兵を集めて北条一族を討とうとしたらしい。まず連絡をとったのは侍所の別当、和田義盛だが、彼はこの事を北条側に内通し、頼家の密書を持ってきた使者をも殺してしまった。頼家はさらに新《にっ》（仁）田《た》忠常《ただつね》にも、北条誅滅を命じたという。このことに私は少し疑問を感じている。というのは忠常は、挙兵以来の北条時政の腹心だったからだ。しかも、北条館におびきよせた比企能員を討ったのは、この忠常にほかならなかった。一説によると、彼は頼家の子（一万以外の子と思われる）の乳母夫《めのと》だったともいうから、あるいは頼家が、その子に将軍職を譲るからといった甘言をもって忠常を寝返らせようとしたのかもしれない。

どうもこのあたりの謎は解けていないのだが、この日忠常は北条時政の名越《なごえ》の館に呼ばれている。比企能員誅殺の行賞を行なうために招かれたらしいのだが、なかなか帰宅しないので、忠常の一族がふと不安になった。

——頼家の密命をうけたことがばれたのではないか。

と思ったのだ、と『吾妻鏡』は書いているが、そうでなくとも、忠常は狙われる危険はあったと思う。彼は比企の乱の顚末を全部知りぬいている。これが北条氏の謀計であることも、能員誅殺の真相も……。あまり真相を知りすぎた男というのは、権力者にとってはむしろ邪魔なのだ。

新田一族は危機を感じた。てっきり忠常は殺されたものと思いこみ、北条義時の館になだれこんだ。この義時は、時政とは別に、八幡宮の近くの現在の宝戒寺《ほうかいじ》あたりに住んでいたと思われるのだが、何と幸運にも、このとき彼は姉の政子のいる大御所に出かけて留守だった。さらば、と新田側はこの大御所に攻撃をかける。こうなるとしぜん、彼らは、幕府を攻撃する形になってしまう。そこにつけこんで義時は御家人を集めて彼らを討ちとってしまう。急を聞いて駆けつけた忠常自身も殺されてしまったことはいうまでもない。

義時がこのとき政子の大御所にいたというのは、偶然のことなのだろうか。計画的、と考える史料は持たないが、これから先の彼の活躍ぶりを思いあわせると、疑問も起こる。ともあれ、彼がこのとき政子の許にいたことは大きな意味を持つ。もし自分の私邸で新田一族に襲われたのなら、私闘の域を出ないが、義時がたまたまいたのが大御所で、そこへ矢を放ったために、新田一族は、謀叛人として誅殺されてしまったのだ。しかもそれだけではない。新田一族の挑戦は、たちまち頼家側の政子への武力攻撃である、というふうにすりかえられる。北条側は、頼家廃立のこの上ない口実を得たのだ。政子の命によって頼家が出家させられたのがその直後のことであることを思えば、義時のこのときのあり方は、北条氏の、そして彼らの擁立する実朝の命運を定めたともいえる。義時は何気なく、ある場所にいた、というだけのことで歴史を左右するようなふしぎな存在でもあるらしい。

父、時政との対決

頼家が伊豆に隠退させられ、弟の実朝が将軍職を継ぐと、時政はその外祖父として、いよいよ政所別当の座につき、大江広元と並んで幕政にたずさわる。義時のほうは、晴れがましいポストを与えられた気配はないが、しかし、まもなく父子の地位は逆転する。そのきっかけとなったのは、畠山重忠追討事件である。

実朝が将軍になった二年後の一二〇五年（元久《げんきゅう》二）、畠山重忠の息子の重保《しげやす》が、謀叛の疑いによって誅殺されるという事件が起こった。そうとも知らず、父の重忠は武蔵の本拠から鎌倉へ向かっていたのであったが、そこへもすかさず追討軍がさしむけられた。命令者は少年実朝の代行者、時政であり、このときは義時が大将となって出陣した。

両者は武蔵の二俣川《ふたまたがわ》のあたりで衝突するが、手勢の少ない重忠は、またたくまに敗死に追いこまれる。これも一種の謀殺である。例によって北条父子のみごとな連繋作戦と思われたが、しかしこの問題の裏には、じつは両者の微妙な対立がかくされていた。『吾妻鏡』によれば、重忠追滅に積極的だったのは時政で、義時はむしろ反対だった、というのである。これを言い訳だと見る人もいるが、私はどうもそうは思えない。比企一族を倒して主導権を握ったとたん、北条家の中には内部分裂が起こったのだ。これが重忠の事件をめぐって、はっきりした形をとった、と見たほうが状況判断としては当を得ていると思う。

まず重忠追討を主張したのは時政と妻の牧の方、およびその一族である。これにはいろいろのゆきがかりがあるのだが、牧の方が、畠山重保を感情的に憎んでいたことが大きな理由の一つである。夫とともども権力の座についたつもりの牧の方は、勢いに乗じて重保を殺してしまおうと思ったらしい。じつは、このとき、武蔵守をしていた平賀朝雅《ともまさ》は牧の方と時政との間に生まれた娘を妻としていた。一方の畠山は武蔵生えぬきの豪族であって、国の守とは微妙に利害が対立する立場にあったようだ。牧の方と重保の間の感情問題も根はこのあたりにあったと見ていいかもしれない。

ところで、こうした牧の方を中心とする動きに、義時は反対だった。その理由の一つは、重忠が彼の同腹の妹の夫だったからである。「北条政子」の章に兄弟姉妹の関係をあげておいたのを参照していただきたい。簡単にいえば、これは、牧の方側と先妻の子供たちとの対立だったのだ。

畠山一族追討の方針がきまったとき、だから義時とその弟、時房は、真向から時政に反対した。後妻の言うなりになる年老いた父に向かって、激しい言葉もあびせたらしい。『吾妻鏡』はこのときのことを、

「遠州（時政）重ネテ詞ヲ出サズ、座ヲ起タル」

と書いている。が、時政は政所の別当である。その権力をふりかざして出兵を迫れば、義時も大将として出陣せざるを得ない。かくて畠山重忠は討滅されてしまったのだが、その直後、義時と時房は、時政に対して猛反撃に出た。どうやら、この間に、御家人の間を工作して廻って、味方をふやしてしまったらしく、

「重忠一族の謀叛は虚構だった」

とし、牧の方に同調した御家人の数名を誅殺してしまったのだ。さらにその二か月後、「牧の方こそ謀叛を計っている。自分の婿の平賀朝雅を将軍につけるべく、実朝殺害を計画した」

と主張し、牧の方と時政を失脚させてしまうのである。これと時を同じくして、京都の守護になっていた平賀朝雅が誅殺されたのはいうまでもない。

牧の方の陰謀については、かなり確実性がある、という説もあるが、その真偽はともかく、義時・時房グループは、牧の方グループを制圧してしまったことだけはたしかである。かくて、義時は父をも斥けて、政所別当の座につく。ときに四十三歳。頼家時代、三十七歳で重臣の合議の座に迎えられたとき、誰がこの日の義時の姿を想像したろうか。無為無策に人生の半ば以上を空費したかに見える彼は、たった数年の間にその取り返しをつけてしまったのだ。

しかも、比企の事件のときと同様、この事件は二つの意味を持つ。彼は畠山を討ち、返す刀で時政・牧の方を斥けたのだ。ゆきがかり上、畠山を弁護してはいるが、もしこのとき、重忠が罪を免れていたら、早晩彼は畠山と対決せざるを得なかったろう。その意味では、比企の乱のとき、政子の仰せをふりかざしたように、彼は時政からの命令を大義名分に、うまく畠山を倒してしまった、といえるのだ。このとき、平賀朝雅の後を襲って武蔵守となったのは、義時の同母弟の時房だ。義時自身はすでに相模守になっていたから、結果においては、兄弟の協力によって、北条氏の関東における勢力はますます堅固なものとなったともいえるのである。

こうして牧の方の陰謀を斥け、畠山を亡きものにしたとき、幕閣で残る相手は三浦一族だ。そこでまず義時が狙ったのは侍所別当、和田義盛——。彼は当時三浦の総帥となっていた義村の従兄で、頼朝の旗揚げ以来の生き残りである。頼朝は三浦氏を深く頼みとしていたから、鎌倉入りした直後、彼を侍所別当に任じた。これは陸軍大臣と検察庁長官や憲兵隊長を兼ねたような要職で、旗揚げ以来、三十数年、一貫して義盛はその職にあった。

しかし、義盛はどうかというと直情径行、情に溺れやすい性格であったらしい。深謀遠慮、事を起こせば必ず一石二鳥の妙手を忘れない義時が、彼を挑発するのは朝飯前のことであった。それまでのちょっとした小ぜりあいはここでは省略するとして、両者がいよいよ対決せざるを得なくなったのは一二一三年（建保《けんぽう》元）のことである。

このときも、導火線となったのは、謀叛事件だ。不可解な陰謀事件が発覚し、それに関連した御家人が多数捕えられた。そしてその中に和田義盛の息子や甥が数人含まれていたのである。

そのころ上総の所領にいた義盛は急ぎ鎌倉に駆けつけ、将軍実朝に対面している。おそらく、その場で赦免を願い出たのであろう。そのかいあって、彼の息子の義直《よしなお》・義重《よししげ》は簡単に罪を許された。ところが、甥の胤長《たねなが》だけは、事件の張本人であるとの理由でどうしても許されなかった。その上胤長の鎌倉の館の地は、当時のしきたりに従って、いったん義盛に与えられたものの、まもなく没収され、義時の所有になってしまった。ここに及んで義盛は、面目丸つぶれとばかり、一気に挙兵に突走るのである。

義時側はこのとき、かなり苦戦をした。義盛のほかに、その姻戚の武蔵の有力者、横山氏や、これまで北条氏によって失脚させられた豪族の遺族たちが、こぞって立ち向かってきたからである。義時はじめ、すでに成人していた息子の泰時《やすとき》らが必死に防戦して危機を切りぬけたが、しかし、このとき、三浦義村が義盛方を裏切った意味はかなり大きい。義村はすでに義盛と密約があったのだが、大勢を見てあまり勝目がないと見ると、義盛を見棄てて、北条方に寝返ってしまったのだ。「三浦一族」のところでも触れるつもりだが、三浦氏というのはなかなかしたたか、かつ冷静で、身の処し方がうまいのである。

この合戦で敗死した義盛に代わって侍所別当の座についたのは、いうまでもなく北条義時――。北条氏は義時の代にいたって、ついに政所・侍所の両別当職を掌握したのである。

実朝暗殺をめぐって

政治権力と軍事力と――。

いまや義時は二つながらこれを手中にした。が、仔細に見るならば、まだ彼には強大なライバルが残っている。従兄を裏切ってしたたかに生き残った三浦義村そのひとだ。その後に起こる実朝暗殺事件は、まさにその現われだ、というのが私の解釈である。

史上有名な実朝暗殺事件は、これまで北条義時の企んだ陰謀だ、と思われてきた。彼の辣腕ぶりを見れば、そう見られるのもやむを得ないことだし、政治・軍事両面をわがものにした義時が、次に計画したのは将軍の入替えだとは誰しも考えるところであろう。にもかかわらず、私が実朝殺しを義時ではない、というのは、決して彼を弁護しようというものではない。もちろん権謀にたけた彼の性格を、この期に及んで否定しようというのではない。ただ彼のおかれた状況を考えてみるとき、将軍というポストに対する挑戦であるよりも、これまで続けられたライバル潰しの延長と見たほうが妥当ではないか、ということなのだ。このとき、義時は守備側に廻っている。挑戦してきたのは三浦側である。それは政治・軍事両権を掌握した義時が必然的に受けねばならなかった挑戦だった。

私がそう主張する根拠の一つに乳母の問題がある。これは、「北条政子」や「三浦一族」のところで触れているので、くわしい事は省略するが、当時実朝の乳母は政子の妹の阿波局であり、実朝を暗殺した公暁の乳母は三浦義村の妻だった。阿波局の背後にはもちろん北条氏がいる。彼らが実朝かつぎだしに熱心だったのはじつはこのためであり、頼家に冷淡だったのは、彼らが乳母になっていないからだといってもいい。同じ政子の息子なのに、まったく遇し方が違う一つの理由はここにある。

当時の習慣として、養君は乳母一族の「旗」であった。その「旗」があるからこそ乳母たちは権力をふるえるのであって、「旗」を潰してしまっては元も子もなくなる。これは摂関時代の天皇と摂関との関係によく似ている。天皇は弱年で政治力もない存在だが、その権威をふりかざさなくては外戚は摂関としての権力はふるえない。もし、外戚が独立して権力を持っているなら、天皇が代わっても依然として権力の座についていられるはずだが、当の天皇が亡くなりでもすれば、またたくまに地盤は崩れて、新しい天皇の外戚にその地位をとって代わられてしまうのだ。

実朝と北条家の関係もまさにこのようなものだった。つけ加えておくと、摂政や関白はいくら権力が強くても、天皇の座にはつけない。両者の間には超えがたい区別がある。執権も同様な意味で将軍との間には大きな差別がある。将軍はあくまでも貴種であって、執権がその座につくことはできないのだ。こうした権威と権力の密接なつながりと超えがたい溝がはっきり認識できれば、北条氏が実朝を殺す理由がないことが納得できると思う。真相はやはり公暁・三浦組の実朝・北条組への挑戦である。

しかし、このとき公暁側は大きな失敗をした。目ざす実朝は殺したものの、義時と思って別人を殺してしまったのだ。それ以前に危うく義時は事態を察知して自邸に逃れている。これはたぶん、八幡宮にいる僧侶から、事件の寸前に秘密の情報を得て、とっさに身をかわしたのではないかと思うのだが、この先の真相を語る史料はほとんど皆無である。したがって想像に頼るほかはないのだが、北条と三浦との間には火を噴くようなやりとりが交わされたと思う。にもかかわらず、武力に訴えなかったのは、お互い勢力が互角でどちらも決定的な勝利を得る見込みがなかったからではないか。結果として、北条は公暁と三浦の内通を見逃すかわり、三浦の手で公暁を処分させた。三浦のほうは、北条を狙ったことを不問に付す条件で公暁を裏切った、ということになる。乳母夫の手で養君を殺させるということは当時あり得べからざることであって、北条はいわば苛酷な刑を三浦氏に科したのだ。が、すでに「旗」をつぶされてしまった北条は、もっと危機に追いこまれている。とにかく公暁が生き長らえ将軍にでもなったら一族皆殺しにされてしまうからだ。

あの大事件のさなか、こうした解決に持ちこんだ義時も義時、義村も義村である。それにしても、義時が公暁に襲われる寸前危地を脱出したやり方は、新田一族に襲われたとき、大御所にいて命を助かったのとどこか似ている。危い橋を渡りながら、どん詰りのところで、ぱっと運が開けてゆく——そういう意味では、彼と頼朝とはどこか似通った運命の持主である。

承久の勝利

舌を巻くほどの権謀と、危機に陥ったときの冷静な判断に支えられて、義時はとにかく五十代を乗りきった。しかし、ここまでなら彼は一人のマキァベリストに過ぎない。身の処し方はみごとだが、しょせんはコップの中の嵐だし、こういう政治家は現代に到るまで後を絶たない。

が、晩年に到って、彼は真価を問われる事件に直面する。私が彼に群小マキァベリストとは違った評価を与えたいと思うのは、そのときの彼の対応のしかたについてなのである。

事件——とはいうまでもなく承久の乱だ。では、このときの勝利の鮮かさを評価するというのか。いや、そうではない。むしろそこに到る決意のしかたである。そのためには、少し溯って経緯を眺める必要があるだろう。

実朝の横死の後、義時たち幕府首脳部が頭を悩ませたのは、その後継ぎをどうするかについてであった。もっともそれ以前から、子供に恵まれない実朝のために、その後継者として、後鳥羽上皇の皇子を貰いうけたい、という折衝は内々なされている。事にあたったのは尼御台政子で、上洛や熊野詣でに事よせて、後鳥羽の乳母でならびない権勢の持主、卿《きょうの》二位と会ってその相談をすすめていた。そういう交渉があったために、政子たちがひそかに実朝を殺害して皇子を迎えようと計画していたと見る人があるがこれは当たっていない。もしそうなら、ちゃんと皇子を鎌倉へ迎え、実朝の猶子として公表する手続きを踏んでいなくてはならないはずで、事はまだ口約束の程度にしかすぎなかったのである。そこへ事が起こったために、鎌倉は急遽その実現を計るが、ここへ来て、後鳥羽側はにわかに態度を変え、妙な交換条件を持出してきた。

後鳥羽の内意をうけてきたのは、廷臣藤原忠綱《ただつな》である。彼は実朝の死の弔問を名としてやってきたついでに、土地の問題を持出した。後鳥羽の寵姫、伊賀局《いがのつぼね》所領である摂《せっ》津国《つのくに》の長江《ながえ》・倉橋両荘の地頭を改職せよ、というのがその申入れであった。両荘の地頭はもちろん鎌倉方の御家人が任じられており、彼らが伊賀局のいうことをきかない、というのがその理由であったが、しかし、これはおいそれと承諾できる問題ではなかった。もともと地頭職は頼朝が任命したもので、格別の落度のないかぎり解任されないという鉄則がある。というのは、この地頭職じたいが、戦功その他の手柄によって与えられたものだからだ。これまでも各地の地頭をめぐる問題は常に西国と鎌倉の論争点になっていたのだが、後鳥羽は、実朝横死につけこんで、またもや鎌倉に揺さぶりをかけてきたのである。

「地頭を解任すれば、将軍の後継ぎも考えてやらないでもない」

という意図をその底にちらつかせての申し出であった。

幕府の当事者である義時は、未曽有の難局に直面した。将軍の後継者は喉から手が出るほど欲しい。が、いま前記両荘の地頭解任の要求を呑めば、東国武士たちは承知しないであろう。

こんなとき、為政者はともすれば下の利益を抑えて上層部と妥協してしまうものだ。ここで後鳥羽に貸しを作ったほうが有利ではないか、両荘の地頭には、ほかの所で埋めあわせをつけてやれば我慢するのではないか、というふうに……。

その気持が義時の脳をかすめなかったとはいえない。が、彼はついに頼朝以来の原則を守り通す決意を固める。私が彼を評価したいのはここなのだ。もちろん政治は一種の応用問題だから、時に応じて妥協も臨機応変の措置も必要だ。しかし為政者たるものは、どうしても譲れない原則だけは敢然と守り通す勇気がなくてはならない。ただ現実は原則と応用問題とが分ちがたい姿で混在しているために、どこまでが原則なのか、為政者自身もわからなくなってしまう場合が多いのだ。この場合でも、将軍問題が先か地頭問題が先か、というような形で考えると、判断を誤りかねないのだが、義時は、事の本質を見分けるじつにいい眼を持っていた。

後鳥羽への使には弟の時房が選ばれた。彼は千騎の兵を率いて上洛し、地頭改職の意向に添いかねることを答え、同時に将軍問題で、再度の申入れをした。これはかつて父時政が義経追討のための兵糧米要求に上京したときとまったく同じであって、千騎の兵力で、後鳥羽に無言の圧力をかけたのである。

一方、勝気な後鳥羽も負けてはいない。後白河がずるずる後退して多くを失ったことを知っているから、

――何を小しゃくな。

とばかり、皇子東下はぴしゃりと断わってしまった。仕方なしに時房は、頼朝の姉の血にわずかにつながる九条道家《みちいえ》の息子の、たった二歳の三寅《みとら》を将軍候補者として連れ帰ることになった。

ここに両者の対立は深まり、後鳥羽は討幕の意志を固め、ひそかに武力を集めはじめる。後鳥羽の念願は、幕府とか地頭の制度を全廃して、日本を平安朝の古に返すことである。それがいかに時代錯誤な考え方であるかはまったく気づかない。人間は将来を見通すよりも、過去をふりかえるほうが上手なのだ。何につけても昔はよかった、と思ってしまう。そして昔に戻すことはたやすいことのように思いこむ。しかし、このとき、頼朝の旗揚げのときから約四十年経っている。昔に戻ることは絶対不可能なのに、後鳥羽は気づかない。しかしその心情を現代のわれわれに笑い棄てる資格はないかもしれない。戦前をしきりになつかしがり、戦後三十年の歴史を一気に否定しようという「後鳥羽族」は世の中に群れているのだから……。

後鳥羽は以来二年の歳月を討幕の計画に費やした。そして一二二一年(承久三)、準備完了と見て兵を集め、まず鎌倉方の出先機関である京都守護の伊賀光季《いがみつすえ》を血祭りにあげた。と同時に、義時追討の院宣を全国にばらまく。関東の有力御家人にも、義時を討てば恩賞を与えるという院宣を送って離間を策した。

が、この院宣は期待したほどの効果はもたらさなかったようだ。鎌倉入りした密使が捕えられ事が露見してしまったこともあるが、せっかく誘いをかけた御家人も動こうとはしなかった。三浦義村がそのよい例である。この時彼の弟の胤義《たねよし》は在京し、後鳥羽側について画策していたのだが、その弟からの誘引状を、義村は義時に披露し、鎌倉方への協力を誓ったのである。

公暁と実朝の問題をめぐって、あれほど激しいつばぜりあいを演じておきながら、くるりと義時側についた義村の身の処し方もあざやかだが、これは例の癖が出て弟の胤義を裏切ったとするのは当たっていない。さすがに彼も東国武士である。内部分裂を起こして鎌倉幕府を崩壊させるような愚かな道はとらなかったのだ。彼も単なる権力亡者ではなく、ちゃんと時代を踏まえた動きを見せているわけで、やはり義時と義村は、この時代の千両役者なのである。

鎌倉に好意的な公家からの通報もあって、ついに幕府側は出陣の覚悟をきめる。急を聞いて集まってきた将兵に、政子が訓示を行なったのもこのときだ。しかし軍評定が始まると、積極的に京都を討つべしとする出撃論と、箱根、足柄《あしがら》の峠で都の軍を迎え討とうとする迎撃論に分かれてなかなかきまらなかったが、大江広元の意見によって、上洛決戦ときまった。以上は『吾妻鏡』の伝えるところだが、『承久記』では、迎撃論者である北条泰時を叱りつけて上洛を命じたのは義時であったとされている。彼は声をはげまし、

「今度の戦いは天皇を相手の戦いだ。運に任せるよりほかはない。兵が集まらないからなどといってぐずぐずするな」

と言ったという。また『増鏡《ますかがみ》』は、泰時に向かって、

「清き死をすべし」

と言ったと伝えている。が、決して義時は敗戦を予想していたわけではない。自分のほうには落度はないのだから、決して横死はしないはずだ、という信念は持っていた。そのほか史料によってさまざまの所伝があるが、鎌倉幕府の最高権力者として、敢然と決戦に踏みきった義時の姿は、少しずつの差こそあれ、かなりよく描かれていると思われる。

彼はたぶん、長江・倉橋両荘の地頭改職を拒否したことは悔いていなかったと思う。たしかにこの戦いは、これまでの鎌倉勢のやってきた戦いとは質が違う。これまでは院宣を奉じての戦いだが、今度は院そのものに立ち向かってゆくのだ。が、自分の決意が

正しいものならば、相手を恐れてはならないと、義時は言いきっている。

五月二十二日、泰時がまず先発として鎌倉を発つと、御家人たちは陸続と後に続いた。そして六月初め都入りした彼らは、またたく間に京都勢を蹴散らしてしまった。まことにあっけない戦いだが、しかし、この戦いのもつ歴史的意義は大きい。このとき東国は初めて西国そのものを圧倒し得たのだ。そしてそのことが、必然的に三上皇配流を導きだしたことは当然のなりゆきである。

信賞必罰は義時の論理であり、鎌倉武士の論理である。その論理に支えられて、四十年を彼らは生きてきたのだ。その彼らの勝利であってみれば、論理は西国にも適用されなければならなかった。

こうした責任のとり方、とらせ方は人間の生き方としてさわやかである。が、それと同時に、これがすなわち古代から中世への移り変りの大きなエポックとなった点で、私は彼を評価したい。歴史をふりかえってみるならば、このときの西国は旧体制的であり、東国側は新時代のにない手であったわけだが、それはあとになっていえることで、このときはまだそれだけはっきりした認識はなかったかもしれない。まかりまちがえば、旧体制に戻りかねない状況にあったのだ。

しかし義時は、敢えて西国に戦いを挑んだ。事態を見定め、敢然として歴史の歯車を押しすすめる側に立つことを決意したのだ。彼の決心ははたせるかな多くの武士たちの支持をうけた。その根底には、長江・倉橋両荘の地頭職を守り通した義時への強い信頼感があったと思う。そして彼らは一丸となってこの権利を守るべく、都になだれこんだのである。彼らの前では、恩賞を餌に義時を裏切らせようとした後鳥羽の小細工は何の意味も持たなかった。

戦前はこうした歴史の動きに目を向けずに、現象だけを捉えて義時を逆賊扱いしたが、これはいささか片手落ちであろう。じじつ当時の史書は彼の行動を高く評価している。天皇側に立つ色彩の濃い『神皇正統記《じんのうしょうとうき》』さえ、「義時は人望にそむかなかった。それをちょっとした理由で追討したのはむしろ上の御科《とが》と申すべきだ」と言っているくらいである。

義時は決して権力の亡者ではない。歴史の動きをよくみつめ、自分に与えられた運命を自覚し、立つべきときには敢然と立ちあがって既成の権威と対決した。その意味では、彼は日本史上稀な冷静な史眼と決断力の持主であったといえるだろう。

逞しき東国武者

三浦一族

総帥義明の名言

鎌倉時代をテーマとした小説の中で、何回か三浦氏を登場させているが、私自身まだ完全に三浦氏を描ききっているとはいえない。それというのも、書けば書くほど、この一族に対する興味がふくらんでくるからである。

じつにおもしろい一族だ。鎌倉武士というものをこれほどなまなましく感じさせる人びとはいないだろう。三浦氏の姿を完全に描ききれたら、たぶん従来の鎌倉武士に対するイメージはがらりと訂正されるのではないか。それほど三浦氏というのは鎌倉武士中の「大もの」なのである。

正直のところ、小説を書きはじめたころの私は、三浦氏を、ほんの脇役だとしか考えていなかった。が、これがまったくの認識不足だった。

そもそもの誤りは、北条氏に対する過大評価にある。鎌倉時代といえば、はじめから北条氏が主権を握っているように思われているが、それはまったくの歴史の読みちがいで、源氏三代が終わった後でも、まだ北条政権は決して安定したものとはなっていない。覇権を確立するのは鎌倉も中期に近いころで、それまでは、対立する諸勢力を相手に苦闘を続けねばならなかった。そしてその間の最大のライバルこそ三浦氏だったのである。

だから、もし、仮定が許されるならば、鎌倉時代は、まかりまちがえば、北条時代ではなくて三浦時代になったかもしれないのだ。またそうなってもちっともおかしくないくらいに、三浦氏の面々は、したたかで、鎌倉武士の主流派的な性格をそなえているのである。

まず、源頼朝旗揚げ当時の三浦氏の総師大介《おおすけ》義明を考えてみよう。だいたい頼朝の旗揚げというのが、今考えられているほど、先の見込みのあったものではなく、多分に危険性のある、一か八かの大勝負だった。この場合にかぎらず、革命などというものはたいていこんなものではあるが……。

のちに鎌倉御家人になる連中も、二の足をふむものが多かった。中には勝算なしと見込みをつけて、そっぽをむくものもかなりいた。が、その中で、この三浦義明は、二つ返事で、頼朝の片棒をかつぐことを承知したのだ。ときに八十九歳、ふつうの人間なら

保守反動、事なかれ主義になってしまうところを、

「よしきた、やりましょう」

とばかり、革命側に手を貸すあたり、なかなか血の気の多い御老人であったらしい。もっとも、これには、その子三浦義澄《よしずみ》の意見がかなりものをいっていると思う。彼はその直前に京都に行っており、鹿ケ谷事件とか、源頼政《よりまさ》の挙兵などにゆれ動く平家政権の様相をこの眼で見てきた。

——もう、そのときは来ている。

と感じたのであろう。が、表向きは、まだ清盛全盛の時代だから、ここに変革の兆しを読みとった彼の眼もなかなか非凡である。

都からの帰り、彼は頼朝の伊豆の配所に立寄って、天下の情勢を語っている。このとき、千葉常胤《つねたね》の息子胤頼《たねより》もいっしょに来ているから、あるいは、このとき、旗揚げ計画を、ひそかに打合わせたのかもしれない。

ともかく、こうして、三浦一族は頼朝に味方することに決心し、旗揚げに呼応して、三浦から大挙して伊豆へ馳せ参じようとするが、あいにくの嵐と洪水にさえぎられて、行く手を阻まれる。その間に頼朝は大庭景親《おおばかげちか》以下の平家勢に敗れて房総へ敗走し、三浦一族もまたその本拠を攻められて房総へ逃れる。しかも大介はこのとき一族とともに城を去ることを拒んで討死してしまう。

老人の賭けは、みごとにはずれたのである。が、彼は死に臨んで老人じみた繰り言は述べていない。いや、それどころか、一世一代の名言をのこしているが、それがいかにも鎌倉武士の面目躍如たる言葉なのだ。

『吾妻鏡』によれば、彼はこう言ったという。

「俺たちは代々源家の家人だが、幸いにまた主家再興の機会がやってきそうだ。このときにめぐりあったことは何とも喜ばしい。俺ももう八十すぎで、余命はいくばくもない。老いの命を頼朝さまのために投げうって、子孫のてがらにしてもらおう」

何の気なしによめば、忠義一徹の老武者の声涙くだる訣別の辞だ。が、最後の一句に眼をとめていただきたい。原文は、

「今投㆓老命於武衛㆒。欲㆑募㆓子孫之勲功㆒」

である。義明は、単に、頼朝のためなら死んでもいい、と言っているのではない。死ぬかわりに、子孫の勲功をつのる、つまり子孫への恩賞をちゃんと要求しているのだ。

が、こう言ったからといって、彼は決して打算的な卑しい人間ではない。むしろ、ここにこそ新しい時代を作る鎌倉武士の面目が躍如としているというべきなのである。私たちはこれまで鎌倉武士について思いちがいをさせられてきたので、このあたりに違和感を感じるかもしれないが、封建的な主従関係の基本ルールは、まさにここにある。家来は主人のために命を賭けて戦う。そのかわり、主人は家来に恩賞をもってこれに応え

る――功がある以上、ムダ働きにはならない、という相関関係が封建制度の基本なのだ。

ところが江戸時代のような停滞期に入ると、主人のほうは領土拡張のチャンスもないから、功績のあった家臣にも新しい恩賞を与えることはできない。こうなると体制を維持するために、上からは一方的に忠義を強制することになる。

「家来たるものは、何が何でも君に忠義をつくすべきだ」

そのことだけが強調され、恩賞のほうからは眼をそらされる。だから、封建ルールは一方的に「君に忠」だけのように思いこまされ、鎌倉武士についても、その面だけがクローズアップされるのだが、しかしこれは、いわば封建体制が萎縮した時代の考え方で、少なくとも封建体制の草創期である鎌倉時代はそうではなかった。

「働け働け、そのかわり、ほうびはたんとやるぞ」

まさにこれが鎌倉武士をふるいたたせる根源だったのである。しかもこれは以前に比べれば、大変新しい関係だった。それまでの家来は、主人のために働けば働きっぱなし、必ずしも見返りの恩賞が約束されていたわけではない。その中にあって「御恩＝奉公」という新ルールは、武士たちには大変魅力的なものであったのではないかと思う。

そして、鎌倉幕府確立のための最初の戦いの中で、三浦義明がそう言いおいて死んだということは、大変印象的だ。私が三浦氏を鎌倉武士の典型だというのはそこなのである。

義澄此役ニ応ズ。面目絶妙

二代義澄については、『吾妻鏡』にはあまり材料がない。都へいって、時代が転換期に来ていることを見ぬいたあたり、さすがと思わせる人物だが、どちらかといえば、表面に立たず、地道に三浦氏の勢力を拡張していった実質型の武将だったようである。

頼朝が鎌倉に本拠を定めると、義明の遺言通り、恩賞が三浦氏に与えられた。その一つは、和田義盛が侍所の別当になったことである。侍所——つまり鎌倉御家人の進退、賞罰を掌握する重要な役所で、別当はその長官である。

和田義盛は義明の長男（すでに死亡）の子だ。彼はこのとき、三十四歳、頼朝の下に集まった東国武将の中には、武力においても経験においても、彼をしのぐ人びとはたくさんあったのに、彼が任じられたというのは、やはり義明の忠死がものを言ったのであろう。

が、一方彼を侍所別当にしたあたりには、三浦義澄の深謀が窺えないこともない。彼は次男だが、三浦氏の総師である。なのに、強いて出しゃばらずに、甥を前面に押し出したあたり、なかなか見事な計算だ。

彼がこうして、ひかえめに沈黙を守っていたのは、もう一つには、当時の三浦氏の位置についで、深く恃むところがあったからだと私は思う。地図をひろげてみればわかる通り、三浦は鎌倉と地続きだ。他の東国の諸豪族は、所領や軍事力を比べれば、はるかに三浦氏よりも強大だが、その本拠はいかにも遠い。彼らの鎌倉の邸の広さは知れたものだから、連れてこられる兵力には限りがある。

が、三浦氏は例外である。いったん事が起きれば、ただちに鎌倉に全力投入することができる。今のような機動力のなかった当時にあっては、この「地の利」は、格段にものを言ったに違いない。

だから三浦義澄はじっと沈黙していた。黙っていても、その凄味は、誰も肝に銘じていたらしい。頼朝もしばしば義澄の案内で三浦三崎《みさき》に行っているが、これは単なる遊楽ではなく、彼が三浦一族を心から信頼しているという意味の政治的ゼスチュアと見るべきである。

頼朝の周囲には、もちろん北条氏がいる。その娘政子が頼朝夫人となっている関係から、一応親衛隊のような立場にあるが、それを「血の利」とすれば、三浦氏にはこれに対抗するだけの「地の利」がある。しかも、一族の和田義盛が侍所の別当として、軍事機構を握っているのだから、北条氏としても警戒しなくてはならない。

どうやら三浦氏と北条氏の対立は、このあたりから、早くもその兆しが現われたようだ。それを逆の形で裏づけるのは、そのころ行なわれた両氏の間の結婚である。北条時政の孫（義時の子）の泰時と、三浦義澄の孫（義村の娘）とが頼朝のお声がかりで結婚しているのは、親しさの故というよりも、むしろ両者の協調を期待する頼朝の融和策ではなかったか。

が、義澄の人柄によるのか、この時代はまずまず平和に過ぎた。一一九二年（建久三）、頼朝が念願かなって、やっと征夷大将軍になったとき、京都から来た使からその辞令を受取る晴れの大役をつとめたのは彼だった。これも父義明の勲功によって、頼朝から特に命じられたのである。

「千万人ノ中、義澄此役ニ応ズ。面目絶妙」

と『吾妻鏡』は書いている。

このとき都から来た使が、名をたずねたとき、彼は、

「三浦次郎でございます」

とだけ答えたという。介というのは国府の次官の名称で、三浦氏は義明のときすでに大介を名乗っていたようにも思われるが、『吾妻鏡』では、旗揚げ後の最初の論功行賞で、義澄が頼朝から三浦介に任じられたと伝えている。しかしこのときは、頼朝はまだ流人の身分であって、国衙《こくが》の官人の任免権はない。いわば私的な行賞であり、実質的には義澄が介の任にあったようだが、正式に官の辞令を貰っていたわけでもないというので、遠慮したらしい。が、介を自称していたのは三浦氏だけではなく、当時千葉氏、

上総《かずさ》氏そのほか有力な東国武士は、みな介を名乗っている。こんなところを折目正しくしなければ気のすまなかったあたりに、義澄という人のプロフィールが感じられるような気もする。

三代目義村の権謀

義澄の子義村は父に似ぬやりてだったらしい。彼の時代になると、俄然北条氏との対立が露骨になる。それというのも、拮抗した勢力を保ってきた諸豪族が、次から次へと、権力争いから脱落していったからでもある。たとえば、比企《ひき》、畠山、梶原などがその例だが、機を見るのに敏な義村は、いつも体制側に手を貸して勢力を伸ばしてきた。力の弱いほうに味方するようなヘマは決してしなかったのだ。

こうして強豪が消えてゆくと、残るのは北条と三浦だけになり、両者は否応なしに対決に近づいてゆく。義村はしかし、なかなかの策師である。何度かその機を捉えはするが、見こみがないとわかると、さっと手を退く。感情にまかせての玉砕戦法などは決してとらないのだ。この点、現代の日本人よりもずっと粘り強いし、度胸もすわっている。

彼と北条との息づまるような対決をいくつかひろいだしてみよう。一つは和田の乱である。これは一族の和田義盛が北条氏に武力対決を迫った事件だ。北条側が義盛を挑発したのが原因だと言われているが、三浦側でも意識的に挑発に応じた気配がないではない。和田義盛は三浦一族には珍しい一本気な激情型の人間だが、彼の行動を追ってみても一時の怒りにまかせての爆発ではなく、かなり綿密な動員計画をたてている気配が窺える。

もちろん、義村は、義盛と事前の打合せはしていたらしい。が、合戦が始まり、北条方に分があると見ると、義村は義盛を見棄てて、北条側についた。肉親の情に駆られていとこを助けるよりも、まず一族の保全を計ったのである。義村に裏切られた義盛は、まもなくむざんな死を遂げた。

この事件の後に、ちょっとしたエピソードがある。若輩の千葉胤綱《たねつな》が幕閣内で義村を差しおいて上席に坐ったのを見て、

「上総犬は臥所《ふしど》を知らぬな」

義村が言うと、胤綱はすかさずやり返した。

「三浦犬は友を喰うわ」

義盛を殺したことへの痛烈な皮肉である。が、冷静な義村は、そんなことを言われても、たぶん、顔色も変えず、平然としていたに違いない。

とはいうものの、義盛を失ったのは三浦にとっては痛手である。義盛にかわって、北条氏が侍所の別当の座についてしまったからだ。しかもこの事件によって没収された山

内庄（たぶん義盛に同調した山内氏の所領だったと思われる）も北条氏の手に帰した。山内庄は、現在の北鎌倉から横浜にかけての大荘園で、鎌倉の背後を包む形でひろがっている。北条氏はここを手に入れることによって、三浦氏に拮抗する「地の利」を獲得したのだ。義盛の敗死による侍所からの後退とともに、三浦側はだいぶ旗色が悪くなった。

が、義村のしぶとさは、こんなときにこそ発揮される。北条氏がこうして「地の利」を得てきたのに対抗して、「血の利」で巻き返しを計ろうとした。すなわち、二代将軍頼家の遺児、善哉《ぜんざい》（のちの公暁《くぎよう》）の乳母夫《めのと》として、彼をバックアップしはじめたのである。当時の乳母《めのと》やその夫は、実の父母より、むしろ親しい関係にあること、さらにその子が成長した時、彼らが無二の側近として権力を握ることなどを考えると、この善哉と義村の関係は注目していい。

ちなみに、北条側は実朝の乳母である。政子の妹、阿波局が実朝誕生以来乳母としてその傍にかしずいている。阿波局の夫は頼朝の異母弟の全成だから、いわば北条氏の婿のような存在だと見ていい。

こう見てくると、例の実朝暗殺事件は、これまでとまるきり違った解釈もできるのではないだろうか。あるいはこのとき、三浦と公暁の間には実朝、北条両者を打倒して幕府の権力を握るという秘密計画があったのではないだろうか……。

このことはすでに前章で触れているので、くわしいことは省略するが、そう思ってみれば、公暁が北条氏の総帥の義時を殺そうとしたり、事件後、義村の館へ来ようとしたことも合点がゆく。周知のように義時は危機一髪の所でその場を逃れ、自邸に逃げ帰っているので、それを知った義村は、にわかに作戦を変更したらしい。義村にしてみれば、実朝を討つより北条を討つ事を狙っていたのだから、これに失敗しては何にもならないのだ。そして、その証拠を湮滅《いんめつ》するために、彼は頼ってきた公暁さえも殺してしまったのではないか。

もし、この推理が成立つとすれば、このスリルにみちた駆引きは鎌倉の権力闘争の中でも、最もドラマチックなものといえる。結果から見ればどうやらこの勝負は引分けというところだろうか。北条氏は自分たちの象徴である実朝を失ったし、三浦氏は公暁を失った。が、ともあれ表面は公暁の私怨による兇行ということで収まったところをみると、真相の追及を免れただけ、三浦は北条に借りができたともいえる。が、もしこれが義村でなかったら、遮二無二軍事行動を犯して自滅していたかもしれない。危うい瀬際でこれを食いとめ、とにかく引分けにまで持ちこんだのは、義村の冷静な判断のおかげであろう。

もっとも、義村は、まもなくその「借り」を返している。その二年後に起こった承久の乱の時、都にいた弟の胤義《たねよし》から上皇側につくようにという誘いの手紙が来たとき、これを北条氏にそのまま読ませ、その意志のないことを誓っているのだ。あるいは、はじめは京都方につこうとして弟を都にやっておいたのだが、形勢が悪くなったので寝返ったとも見られるし、さらにそれを超えた大局的な政治判断によって両者が握手したともいえようが、個人的にみれば、義村がここで義時に恩を売り、実朝暗殺事件の折の失敗を帳消しにしていることはあきらかである。

そのうち、今度は決定的に北条方が三浦に借りを作る事件が起きる。義時の死を機に、嫡男の泰時と、側室の伊賀局《いがのつぼね》の生んだ異母弟との間に相続争いが起こりかけたのだ。このとき、伊賀局側を煽動し背後で操っていたのはほかならぬ義村だった。

北条氏は危機に追いこまれるが、生き残っていた政子が単身三浦の邸に乗りこんでいって、義村を拝み倒して事件から手をひかせてやっと事なきを得た。

こうしてみると、義村時代の北条と三浦の勝負は五分五分である。お互いの虚々実々のわたりあいは、せっかちな日本人とも思えない変幻自在さがあって、息もつかせない。一つには両者の勢力が伯仲していて、一挙に勝負がつけられなかったからでもあるが、また両者とも一筋縄ではゆかないしたたか者だったためでもある。鎌倉武士というと、すぐ単純粗暴な猪武者を想像しがちだが、いつの世にも、そんなことでは決して天下はとれないのである。

三浦氏滅亡

義村が死ぬとその子泰村《やすむら》、光村《みつむら》時代になる。泰村は父親に似たタイプの人間だったが、弟の光村のほうは、一本気な、どちらかといえば和田義盛型の人間だったらしい。なぜなら彼は、しかも光村は少年時代から、北条氏に敵意をいだいていた、と私は思う。実朝事件のとき非業の死を遂げた公暁の寵童だったからだ。『吾妻鏡』を読むと、あの事件の前から、彼が公暁に密着して、あれこれ画策している形跡が窺える。

彼の期待に反して、事件は挫折した。以来、彼はひそかに北条氏への復讐を企てていたのではないかと私は思う。実朝の死後、源氏の血筋をひいた二歳の藤原頼経《よりつね》が将軍候補に迎えられると、その成長を待って、しきりにこれに近づき始めるのもその計画の一つではなかったか。

が、北条氏もさるものである。総帥泰時は死に、経時《つねとき》、時頼《ときより》の時代になっていたが、頼経が三浦に傾斜してゆくと知ると、策略をめぐらせて将軍職を子供の頼嗣《よりつぐ》に譲らせてしまう。

こうしてうんざりするほど執拗な両者の対立はその後も続くが、ついに業を煮やした光村が、一挙に武力に訴えて決着をつけようとして自滅の道を辿る。大介義明から数えて四代、約七十年間の戦いは、ここで終止符をうたれるのだが、史上これほど執念ぶかく対立を続けた例も珍しいのではないだろうか。

が、人間の総力を挙げた本当の戦いというものは、こういうものではないか、と私は思う。一度や二度、派手なところを見せて、あっさり諦めてしまうようでは根性がたりないのだ。

三浦氏も北条氏も、この間全力をつくして相手を倒すことを狙っている。そういう戦いっぷりを見せる人間を私は好きである。これを浅ましい権力欲と評するのは当たらないと思う。なぜなら、彼らの生きた鎌倉時代という時代が、まさにそれを要求した時代であるからだ。

封建社会というものじたいが、対立者の存在を許さない社会なのだ。権力者はたった一人であらねばならぬ。一人が命令し、その命令が階層的に下へ下へと流れてゆく——そうしたシステムがきびしく確立されることが時代の要求だった。そして誰もが、意識すると否とにかかわらず、その方向に向かって流されていった。三浦氏もまたその流れの中で時代の命じるままに生きた人間だったといえるのではないか。

フランス革命のさなか、ダントン、ロベスピエールたちが、何ものかに憑かれたように、人びとを死刑台に送り、かつ自分もその下で死んでいったごとく、人の力では押しとどめ得ない何かに憑かれて、権力の座を争った彼ら鎌倉武士たちに、私は人間というもののふしぎさを感じ、かえって限りない興味をかきたてられずにはいられないのである。

伊豆の軍団

歴史の翳のなかに

光る海、こまやかな緑、そして温和な気候といで湯に恵まれた伊豆は、その風土におよそ似つかわしくない歴史をもつ。古代律令国家によって、ここは重大犯人の流刑の地と定められていたのだ。この国にとってあまり名誉でもないことから筆を起こすのはわけがある。中世に到って生まれる伊豆の軍団の歴史は、このことを切りはなしては考えられないからだ。

なぜ、伊豆が重大犯人の流刑の地と定められたかは、よくわからない。たぶん古代の伊豆が、生産力の低い「下国《げこく》」と規定されていたこと、都からはるかに離れていたことなどがその理由ではないかと思う。送られてきた犯人は、国家に対して謀叛の罪を犯した政治犯が多く、そのなかで最も有名なのは、平安朝に応天門《おうてんもん》を焼き、謀叛を企てたという伴大納言善男《とものだいなごんよしお》である。彼の事件については、現在国宝となっている「伴大納言《ばんだいなごん》絵詞《えことば》」にくわしい。

が、伊豆の実態はといえば、いつまでも「下国」に甘んじていたわけではなかった。東国の各地がそうであるように、開発領主である豪族が歳月をかけて耕地を拓き、みのりを豊かにしてきた。地理的にみれば、海につきでた半島の中央部に山脈が走り、関東平野のような広大な平地はのぞむべくもなかったから、しぜん経営規模は、武蔵や上野《こうずけ》、下野《しもつけ》あたりの大豪族に比べるとぐっと小さかったが、空っ風の吹きすさぶそれらの国に比べて気候に恵まれ、海の幸も豊かなこの地に、人びとの営みはしだいに確かなものとなっていった。

さらにもう一つ、この伊豆は関東諸豪族に比べて、大きな利点をもっていた。それは、彼らの誰よりも、都に近い拠点を占めていたことだ。今とちがって情報伝達が難しかった当時としては、中央の動きを少しでも早く知る位置にあるというのは、たいへん有利なことである。それらの条件を考えて、今思い描ける伊豆の軍団は、さほど大きくはないが、都の情報や、時代の流れに敏感な小回りのきく身軽な武士団といったものではなかったかと思う。

では具体的には、どんな武士団が伊豆に育ったのか。まず最も有力だったと思われるのは、伊豆の東部、現在の伊東あたりを本拠にする伊東氏、これに重なりあって中伊豆のあたりを占める狩野《かのう》氏（工藤《くどう》氏）などである。彼らはもとは一族で、さらに複雑な姻戚関係で結びついていた。その一族に、河津《かわづ》、宇佐美《うさみ》などと、それぞれの地名を名のる武士団がいた。

伊豆から出てのちに天下の権力を握る北条氏は、当時は彼らに比べるとぐっと小さな小土豪にすぎなかったらしい。彼らの本拠は狩野川のほとり、現在の韮山《にらやま》の近くにある願成就院《がんじょうじゅいん》のあたりと思われるが、北条時政より以前は系譜もはっきりしない。ふつう地方の豪族は、三浦介、上総介、千葉介などと名のっている場合が多いが、北条氏にはそういう気配はみえない。あのあたりで介と名のっているのは狩野氏である。伊東氏を中クラスとすれば、北条氏は小クラスというべきで、そしてそれと同規模あるいはもっと小さな武士団として新田（仁田）忠常、加藤景員《かげかず》などがこの近くに分立していた。現在でも伊豆の山脈の中腹に仁田という小盆地がある。ここは北条からあまり離れていないし、おそらく忠常はこのあたりを本拠にしていたのだろう。

こうしてみてくると、伊豆の諸豪族は、小山氏、足利氏、畠山氏などのように広大な領域を占めるという形ではなく、それぞれが分立し、ときには連合したり、ときには相反発したりしながら共存していた、ということができる。これは中央を山脈で区切られ、それぞれ山裾の小さな天地を開拓してすみついていたという地理的な条件によるのであろう。

やがてこの小天地に歴史の波が押しよせてきた。そして、気がついたとき、彼らは歴史の大舞台の主役の座にあった。

頼朝と伊豆の武士たち

彼らに対する歴史の波の洗礼は、はじめはごくかすかなものだった。源平の合戦に敗れた源氏方の嫡男、源頼朝がこの地に流されてきたのだ。これまでの慣習に従えば、政治犯流刑の地である伊豆に彼が流されてきたことはあたりまえのことで、流すほうも、またこれを受けいれるほうも、そのことになんの疑問ももたなかったはずである。そして十四歳の頼朝は、ここで約二十年間、ひっそりと流人の生活を送る。

私はここに歴史と風土の皮肉な結びつきを感ぜずにはいられない。たしかに古代国家にとって伊豆は重罪人の流刑に適した僻地《へきち》であったかもしれないが、十二世紀末の伊豆はすでに質的変化を終わっていた。東国に成熟しつつあった武士団の、まさに門戸の地となっていたのだ。

が、平家をはじめ、京都の朝廷はそのことに気づかない。時勢の変化に気づかず、前例だけを重んじていると、どういうことになるか、いわば、この頼朝配流はその見本のようなものである。

とはいうものの、配流から頼朝の旗揚げまでは約二十年の歳月がある。さしあたって、十数年間、歴史の波はまだ伊豆の岸を洗いはしない。むしろ、そこに見られるのは、頼朝の周辺に起こった、ごくプライベートな波紋だけである。

流人頼朝はしばらくの間、伊豆の山野で退屈しきっていた。彼の居処と定《き》められたのは、中伊豆の蛭《ひる》が小島だといわれ、現在の韮山の近く狩野川のほとりに、その跡と伝える石碑がたっている。政治犯とはいっても、その日常は現在の罪人とはまるでちがう。「源頼朝」の章に書いたように、個人生活は自由だが、社会人としての生活はまったく否定され、一生飼い殺しの状態におかれていた、というのが、当時の頼朝の姿だった。

年ごろのきた頼朝は、その許されていた自由の一つ——ラブ・ハントに明けくれる。たくさん恋人はいたようだが、これぞ、と目をつけたのは伊東氏の総帥、祐親《すけちか》の娘だった。彼は足しげく伊東の館に通い、ついにこの娘と結ばれ、二人の間には男の子が生まれる。『曽我物語《そがものがたり》』ではその子の名前を千鶴《せんづる》御前としている。

じつはそのころ、祐親は都へ行っていて留守だった。当時の武士には大番役という都を警固する役がふりあてられていたから、たぶんそのために出かけていたのではないか。頼朝とすれば、父親の不在は好機である。その間に娘との間に既成の事実をつくりあげてしまおうという下心もあったかもしれない。もちろん伊東が伊豆でいちばん勢力のある豪族だから、という打算も働いていたろう。

が、頼朝の目論見《もくろみ》はもろくも崩れる。帰宅した祐親は激怒して二人の仲を割《さ》き、千鶴を殺してしまうのだ。伊豆の実力者として平家に臣従していた彼は、娘が反平家の罪人と結婚することを許さなかったのだ。

頼朝はすごすご蛭が小島に引きかえし、その近辺にいた北条氏の娘、政子と結ばれる。このとき、時政も結婚に反対したが、政子はそれを押しきって、頼朝のもとへとんでいった、と後年、彼女自身の口から告白している。それだけを見ると、伊東の娘は親に従順であり、政子は親の反対をものともしない気の強い娘、ということになるが、いちがいにそうとはいえないと私は思っている。このとき考えなければならないのは、二人の父親の社会的な地位である。

伊東祐親は伊豆の指折りの豪族で、平家との結びつきも強かった。それだけ、中央の動きに敏感だったし、それに気を遣わなければならなかったのだ。これに比べると北条時政はごく小さい土豪にすぎない。平家は頼朝と彼の娘が結ばれたと聞いても歯牙にもかけなかったろう。

が、のちになってみれば、このことが伊豆の両者の運命を明暗二筋の道に導く。一方はかなり大きく、かつ都との結びつきも深かったがゆえに破滅の道を辿り、一方は遅れた小豪族であるがゆえに、未来への道を開くのだ。そこに、伊豆という風土に結びついた二つの軍団の歴史的宿命のおもしろさがある。

北条氏が娘と頼朝を結婚させたのは、将来を見こしたからだという説があるが、それに賛成できないことは「源頼朝」で触れておいた。

頼朝と政子の間にはやがて一人の娘が生まれる。大姫である。ちょうど都では建礼門院《けんれいもんいん》が皇子（のちの安徳天皇）を生んだころだ。朝廷をあげて祝福されたこの出産とは対照的に、まことにささやかな結婚生活が伊豆の小天地では営まれていたのだ。

が、それからまもなく、時代は急変する。各地に反平家の波が起こり、義朝の嫡流である頼朝もついに起つ。それを契機に、伊豆は歴史の大舞台となり、武士たちの運命も、めまぐるしく変わってゆくのである。

伊東氏の非運

頼朝の旗揚げはたいへん有名だが、じつをいうと、それほど勇壮なものではなかったらしい。一一八〇年（治承四）、都では、以仁王《もちひと》を担いだ源頼政の挙兵があり、平家はこれを鎮圧はしたものの、ひどく神経質になって、反平家の芽を洗いなおしはじめた。このとき、頼朝のもとには、たしかに決起をすすめる以仁王の令旨《りょうじ》がきていたし、源氏の嫡男である彼が平家の追及をうけることは必至だったろう。そこで頼朝としても、座して死を待つよりはと、むしろ追いつめられた形で挙兵に踏みきった、というのが真相ではなかったか。

このとき、頼みとしたのは、姻戚に当たる北条氏やその周辺の小武士たちだった。伊東祐親のような有力者は、さきのいきさつもあるし、平家べったりだからとうてい味方にはならない。が、幸い相模の有力武士団である三浦一族は以前から父の義朝との縁が深い。だから血路を開いて伊豆を出て、三浦と合体しようというのがこのときの計画だった。

そこでまず、韮山で頼朝の行動を監視している伊豆の目代《もくだい》、山木兼隆を討って、一路頼朝は東をめざす。このときの顔ぶれとして『吾妻鏡』にのっている人間は四十数名、むしろ有力なのは、中村、土肥、土屋等の現在の神奈川県中井《なかい》町や平塚、湯河原一帯にひろがる中村一族や、三浦一族で中村氏の婿になっている岡崎義実などの相模の武士たちであり、伊豆の武士といえば、北条一族を除くと、工藤（狩野）介茂光《しげみつ》、宇佐美助《すけ》（祐）茂《もち》などがめぼしいところで、ほかは新田忠常、加藤景員など、家来もあまりもたず、いわば腕一本の働きをする連中がこれに加わったにすぎなかった。

これに比べて、頼朝鎮圧に向かった平家側の軍勢は大兵団である。大庭御厨《みくりや》を預かる大庭景親を指揮官に、渋谷庄司《しょうじ》重国、糟屋権守盛久《かすやごんのかみもりひさ》、曽我《そが》助《すけ》（祐）信《のぶ》、山内経俊等々、かなり広大な所領をもつ平家の被官が轡《くつわ》をそろえてやってきた。結果は頼朝方の惨敗である。このとき、伊豆の代表的武士団だった伊東祐親は、もちろん平家方だった。しかも、北条時政の嫡男の宗時が、本隊と離れて、三浦軍との連絡をつけるべく早川あたりに出てきたのを迎えうち、これをうちとってしまった。

ところが、この後、天下の形勢は、周知のようににわかに逆転する。土肥実平にまもられて真鶴岬から安房《あわ》に逃れた頼朝は、上総《かずさ》、下総《しもうさ》、武蔵の武士団の支持を得て勢いを盛りかえし、鎌倉に本拠を定める。こうなると、それまで平家方についていた武士たちも急に態度を変え、頼朝にわびをいれるのだが、そのなかには罪を許されたもの、そのまま斬られてしまったものなど、さまざまであった。

このとき伊東祐親は、絶対に降伏しない一人であった。関東が頼朝方についてしまったので、これに見きりをつけ、折から頼朝をうつべく東へ向かって進軍してきた平維盛《これもり》の軍勢に合体しようとして、南伊豆の鯉名《こいな》の港から船で出発しようとしていたところを捕えられてしまった。ふつうならとうてい罪を許されないところだったが、たまたま彼の娘の一人が三浦の総帥、義澄の妻になっていた関係で、旗揚げ以来の功臣である義澄が祐親の命乞いをしたので、いちおう、そのもとに身柄を預けられることになった。

それから二年後、たまたま頼朝の妻の政子が身ごもったので、義澄はこれを好機として舅《しゅうと》の祐親の恩赦を願いでた。その間に関東の総帥としての地位を築きあげていた頼朝は、気分的にもゆとりが出ていたろうし、また政子の安産を祈る気持ちもあって、即座に義澄の申し出を受けいれ、祐親に御所に出てくるようにと命じた。

喜んだ義澄は早速頼朝の意向をわが家に伝え、舅の出仕を待っていたところ、慌しく駆けつけてきた使は、祐親の自害を報じた。驚いた義澄は、急いでわが家に馳せもどったが、すでに祐親はこときれていた。

「今、恩言を頂いたが、生きてお目にかかろうとは思いませんので」

これが遺言であった。東国武士団のなかではきわめて異色な、反頼朝側の武士として、祐親は一生を貫きとおしたのであった。

祐親には、祐清（または祐長《すけなが》）という息子がいた。彼はかねて頼朝に好意をよせており、頼朝と娘の仲を割いたあの事件の折、父親が怒りにまかせて頼朝にも危害を加えようとしたときも、こっそりこれを知らせて逃がしてやった。頼朝はこのことを忘れず、父を捕えたときも、この祐清にはむしろ恩賞を与えようとしたのだが、彼は固くこれを拒んだ。

「父がすでに怨敵《おんてき》として捕えられました以上、子である私がどうして賞にあずかれましょう。願うところは、一刻も早くお暇を頂き、上洛して平氏の軍に加わることだけです」

やむなく頼朝がこれを許すと、言葉どおり、平家の軍に加わり、北陸道で木曽義仲と戦って壮烈な戦死を遂げた。もっとも、『吾妻鏡』自体にもう一つの異説がのっている。

祐清が、

「父が死んだあとで、そのようなものを頂いたとてなんになりましょう。どうか私にはこのままお暇を賜わりたい」

としきりに言うので、ついに彼も誅殺されてしまった、というのである。

いずれにしても、伊東親子が、反頼朝のラインを堂々とまもりぬいたことだけはたしかで、その壮烈さに感銘を受けたのか、むしろ頼朝側に立って筆を進めている『吾妻鏡』なのに、祐清のこの行為について、

「世以テ美談トセザルナシ」

と絶賛している。

大局から見れば、たしかに伊東氏は時代を見る目がなかった。すでに平家は落ち目であり、東国武士団こそ、明日を担う実力者たちであった。このことを見ぬけなかったというのは、ある意味では伊豆という地を占めていたことも原因だろうと思う。東国より都に近く、それだけ、都の華やかさ、平家の栄耀を見知っていた伊東氏は、よもやあれほど簡単に平家の時代が崩れるとは思いもしなかったのだろう。東国の骨太で無器用な大武士団よりも、平家を含む旧権力に近かっただけに、彼らはかえって道を誤ったのだ。しかし祐親にしろ祐清にしろ、生き方はじつにさわやかである。それぞれ筋をとおして死んでゆく。いったん臣従した平家に対しては、最後まで筋を貫いている。その意味では、最も武士らしいモラルに徹した生きざまだったといえるかもしれない。

北条氏の台頭

変革期の動乱のなかで没落していった伊東氏と対照的なのは北条一族だ。彼らはさきに触れたように、けっして強大な武士団ではない。領地も少なく動員勢力も微々たるものだ。が、政子が頼朝の妻となったおかげで、彼らは旗揚げ以後は、頼朝の側近として東国武士団の中心を占めるようになる。が、あたりを見回すと、三浦、小山、畠山、足利等々、みな自分に数倍する実力をもつ武士団の統率者ばかりである。そのなかに伍して背のびしながら、実力者の位置を固めてゆくのは容易なことではない。人びとはよく北条氏に、腹黒い、権謀一途のイメージを抱きがちだが、これは訂正されねばならない。むしろ兵力がものをいうその時代、小身の北条氏が、蹴落とされないために、いかに賢明に振舞い、一歩一歩のしあがっていったかに拍手を送るべきである。

頼朝が鎌倉に本拠を定めた当時、まず北条氏が行なったのは婚姻政策だった。旗揚げの翌年早々、政子の妹が足利義兼へ、やがてその妹が稲毛重成へ、さらにもう一人の妹が畠山重忠へと、嫁いでいった。足利義兼は源頼朝のいとこだし、畠山は武蔵最強の軍団の長、稲毛はその一族である。それまでだったら伊豆の小地主の北条などとは、とうてい縁組みなどしてくれそうもない連中だ。そのせいか、第一回の縁組みである足利義兼との結婚は頼朝のお声がかりという形で行なわれている。

それと同じころ、見のがせないのは、政子の妹の一人が、頼朝の異母弟の一人、僧全《ぜん》成《じょう》と結婚していることだ。この全成は、常盤《ときわ》御前と義朝の間に生まれた三人の男の子のなかの一人で幼名は今若という。つまり牛若丸（義経）の実の兄である。彼についてはだれも注目していないが、幼いとき僧侶になって醍醐《だいご》寺に預けられた彼は、頼朝の旗揚げを聞くと、いち早く醍醐寺をとびだし、義経が奥州から駆けつけるより早く、頼朝のもとへやってきていた。

その全成と政子の妹が結婚したということは、北条氏にとっては、娘を嫁がせるというより、実質的には全成を婿にした、ということである。もともと流人時代の頼朝だって無一物だったのだから、北条氏の婿といったほうがいいかもしれない。こうして源氏一族との結びつきを深めることは、非力の北条氏の、勢力強化の一方策だった。いや、さしあたっては、この血のつながりこそ、唯一の頼みの綱だったのである。

そう思ってみるとき、政子が頼朝の浮気について、やたらに騒ぎたてることにも納得がゆく。別の血が近づき、頼朝の子を宿すとなれば、彼らの力はそれだけ弱められる。政子が頼朝の愛人の隠れ家をぶち毀したり、その事件に関連して、北条氏の姻戚が頼朝から叱責されると、政子の父の時政が憤慨して伊豆に引きあげてしまうのは、女性問題の背後を流れる、微妙な勢力争いのあらわれであろう。

そんな事件があってからまもなく、いよいよ鎌倉勢の上洛の機がやってくる。最初は木曽義仲追討、そして二度目は平家追討のための出兵である。が、このとき、北条氏はこれぞといって目だった手柄はたてていない。小兵団の悲しさ、大した働きはできなかったとみえる。このときの兵団の軍目付を務めたのも土肥実平と梶原景時で、北条一族は表面には出てこない。またその前後に鎌倉の体制が整備されたときも、軍事全般を管轄する侍所の別当（長官）に任命されたのは、三浦一族の和田義盛であり、所司（准長官）は梶原景時だった。

北条時政が政治の舞台に姿をあらわすのは、いちおう戦乱がおさまったときからである。ちょうどそのころから頼朝と義経の対立があらわになり、はじめ義経は後白河院に「頼朝追討」の院宣《いんぜん》を乞い、兵をあげようとするが失敗して姿をくらます。このとき、頼朝の意を受けて上京し、朝廷側との折衝に当たったのが、北条時政なのだ。彼の任務は、義経に頼朝追討の院宣を下したことへの抗議や、義経に同調した公卿の解任要求などであったようだが、さらに重要なのは、諸国に守護地頭を置き、兵糧米を段別五升ずつ徴収するようにしたい、という要求をつきつけたことだった。「守護地頭」については学界でも現在議論のわかれるところで、ここでくわしくそれぞれを説明する紙面の余裕もないが、ともかく、これは鎌倉側が、王朝政府に対して行なった画期的な申し入れである。人によってはこれを重視し、これの行なわれた一一八五年（文治元）をもって、鎌倉体制の出発点とみなす人もいるくらいである。もちろんこの問題にはさまざまの曲折はあるが、ともかくここではその申し入れを行なったのが時政であることに注目したい。

時政はけっして武功赫々《かくかく》たる将軍ではなかった。かといって、頼朝の姻戚だからということにすがって、権力の座で大きい顔をしようという単なる権力亡者でもなかった。海千山千の朝廷貴族をむこうに回して、鎌倉方の言い分を申しのべ、その権利を主張するという重要な任務を負わされるだけの政治的手腕をもった人間なのであった。

これは今まで東国社会にはなかったタイプの人間である。いくら力が強くても武骨一辺倒ではこういう駆けひきは任せられない。東国の数多くの重臣のなかで彼が抜擢されたということは、草ぶかい東国の諸豪族よりも、都に近いところに位置していた伊豆の育ちが買われたこともあるのではないかと思う。ちなみに彼の後妻である牧の方は、駿《す》河《が》大岡牧を管理する大岡氏の出身だが、大岡牧は平頼盛の所領であり、平家滅亡後も平頼盛領として安堵《あんど》されている。してみると、彼も妻の家の関係もあって、早くから都の空気には通じていたのかもしれない。さりとて、伊東一族ほど、どっぷりと平家色につかりきりにならなかったことが彼に幸いし、しかも京なれたところを買われて、こんどの大役を仰せつかったものであろう。

このことがあって以来、彼の鎌倉における位置はぐっと重みを増したようだ。しかし、まわりには彼をしのぐ大兵団の長たちがひしめいている。そのなかを要領よく泳ぎながら、彼はしだいに権力をわが手中におさめてゆく。もっとも頼朝が死ぬと、彼の地位はいささか後退し、代わって、二代将軍頼家の妻の実父である比企能員《ひきよしかず》が台頭してくる。その後しばらくして、頼家が重病にかかって、明日をも知れぬ状態になったので、頼家と比企氏の娘（若狭局）との間に生まれた子どもがその跡をつぐことを恐れた北条氏は、比企一族に対し、武力対決を迫る。これを『吾妻鏡』では「比企の乱」といっているのは、北条氏側に立った見解であって、客観的に見れば、北条側の挑発に、比企氏がうまうまのせられたのである。

かくて、北条氏は比企を斥け、頼家に将軍職を辞めさせて、弟の実朝を将軍の座にすわらせる。ここまで北条氏が実朝を強くバックアップしたのはわけがある。実朝は政子の生んだ子どもであると同時に、すでにたびたび触れたとおり、政子の妹で全成に嫁いだ女性が乳母《めのと》になっているからである。

政子の妹は、阿波局という名で実朝の側近に奉仕した。ということは、当然そのうしろに北条氏が動いていることを意味する。同じ頼朝と政子の間の子でありながら頼家には冷淡で、実朝に関してはむやみと一所懸命になるのは、このためである。のちに北条氏は頼家を自領である伊豆の修禅寺に幽閉し、やがてその手で殺してしまったらしい。

こうして実朝の地位を安全にし、その下で侍所別当と政所別当の両方のポストを掌握する。ここに名実ともに彼らは鎌倉幕府の第一人者にのしあがるのだ。

とはいうものの、彼らの勢力はまだ唯一絶対というところまではいっていない。その後も、北条氏はときには政治的駆けひきを用い、ときには実力行使によってライバルをけおとしてゆく。最後に残ったのは、頼朝の挙兵以来の有力御家人三浦氏で、一二四七年（宝治《ほうじ》元）彼らを滅亡させることによって、やっと覇権を獲得するのである。実朝暗殺事件も、じつは三浦氏との権力闘争のなかで生まれたものだという、私の考えはすでに書いているが、幸い学界の方々のなかにもこれを支持してくださる方が出て、現在では北条氏犯人説は、やや影が薄くなっている。この事件は、単に公暁対実朝の個人的復讐とみるより、北条対三浦の東国武士団内部の覇権争いの一部とみるほうが、歴史的な意味が明らかになるのではないかと思う。

ともあれ北条氏は、ときに権謀、ときには実力行使を使いわけて、ついに覇権の座を獲得する。その過程で、とりわけ感心するのはチーム・ワークのよさで、政子や時政だけでなく阿波局のような存在までが、がっちり手を組んで進んでゆく。北条氏のこの生き方をみて、今まで多くの人は奸智《かんち》にたけた権謀の家でありすぎる、と眉をひそめてきた。しかし、当時は実力第一の時代だ。甘い顔をしていては自分が倒されてしまう。生きのこるためには勝たねばならないのだ。伊豆の小豪族にすぎなかった彼らが、その知力、財力、武力のすべてを駆使してついに王座を掌握する姿はむしろ壮烈だ。武骨な田舎武士にはとうていのぞみえないこの鮮かさは、やはり伊豆という土地にいて身につけた時代への対応性、小回りのきく敏捷《びんしょう》さによるものではないだろうか。

狩野、工藤、新田氏たち

北条氏の勝利の姿に比べて、気の毒なのは狩野（工藤）介茂光である。彼は頼朝の挙兵に参加しているが、石橋山の合戦に重傷を負い自害する。介を名のっているくらいだからかなりの有力者で、狩野川のほとりではたぶん北条などよりずっと大きな豪族だったのだろう。が、彼の死によって、以後狩野氏は歴史の主流からは遠ざかる。

この茂光は、工藤とも呼ばれているが、もともと工藤というのは、伊豆で最も強大な豪族で、さきに述べた伊東氏も、もとは工藤氏だった。それがのちに住むところの名をとって伊東を称するようになったので、系譜をたどれば茂光と同祖になるのだろうが、両者の関係は、いま一つはっきりしないところがある。ただ、伊東の一族のなかにも工藤を名のる者があるところからみても、大まかにいって、同祖の一族ということはいえるだろう。

ところで、伊東一族のなかで工藤を名のっているのは、工藤祐経《すけつね》である。もともと彼は伊東祐親とは従兄弟で、その上、祐経の父と、祐親の父とは異母兄弟という複雑な間柄だが、両家の間は必ずしもしっくりいってはいなかった。祐経の父は早く死んだので、結局年上の従兄である祐親が祐経の後見に当たり、さらに娘と祐経をめあわせたために、一応両家の和平は保たれたのであるが、祐経が上京して宮仕えをしているうちに、祐親はその領地を横領してしまった。

怒った祐経は、訴訟を起こすが、これもうまくゆかない。そのうえ、祐親はいったん嫁がせた娘をとりかえして他家に嫁がせたので、両者は同族ながら、ふたたび激しく憎みあう間柄になってしまったのである。

そんな最中、狩に出た伊東祐親とその子の祐通《すけみち》がわが家に帰る途中、何者かに矢を射られ、祐通はこのために絶命し、祐親も負傷するという事件が起きた。ふたりを射たのは、いわずと知れた工藤祐経の家来たちであった。

この事件から、祐通の遺児の十郎祐成《じゅうろうすけなり》と五郎時致《ごろうときむね》が、祐経を父のかたきとつけねらい、ついに一一九三年（建久四）、富士の裾野で巻狩りが行なわれたとき、兄弟は祐経を殺して恨みをはらす。これが有名な曽我兄弟の仇討《あだうち》である。「曽我兄弟」と呼ばれるのは、父の祐通の死後、彼らの母が、二人をつれて、曽我（現在の小田原市）の豪族、曽我祐信に嫁いだからだ。しかもこの母親というのが頼朝の旗揚げの折に死んだ狩野介茂光の孫娘なのであった。

が、今述べてきたように、祐経が彼らの父親を殺したのは所領問題がからんでいたからで、その原因をたずねてゆけば、むしろ非は祐親の横領にあるといってもいい。兄弟の仇討ちがあまり有名になってしまったので、祐経は、憎たらしい敵役だと思われがちだが、彼はけっしてそれほどの悪人ではないのである。

彼は彼なりに祐親たちをねらう理由はもっていたし、所領争いが殺しあいに発展することは、さほど珍しいことではないのだ。しかも個人的には、都の生活が長かったこともあって、遊芸、音曲などにも勝れた才能をもっていた。だから、源平合戦のあとで、捕虜になった平重衡《しげひら》が東国に送られてきたとき、その接待役に当たったのも彼だし、静御前が都から送られてきて、八幡宮の神前で舞を舞ったとき、伴奏の鼓を受けもったのも彼である。

とくに伊東祐親を憎んでいたという点では、頼朝も共感するところが多かったらしく、祐経が最も信頼のおける側近として遇せられたことはたしかで、ここにも私は、伊豆の武士に共通した性格を見いだせるような気がする。草深い東国の田舎武者のなかでは、一枚渋皮のむけた、都馴れしたその素顔――。伊東祐親が政治的な意味で中央志向型だったのに対し、彼はどちらかといえば、文化的、趣味的に都に密着した存在だったのである。

祐経の殺された例の富士の巻狩りのとき、傷ついて疾走してきたイノシシにまたがって斬りころしたというのは新田忠常だ。彼はもともと北条氏と非常に親しかったらしく、旗揚げ以来行動をともにしている。彼は祐経やら時政のような文化人型、頭脳型のタイプではなく、豪勇一点ばりの武者であったらしい。

が、よく考えてみるとこの巻狩りのエピソードはきわめて暗示的である。祐経をうちはたしたのち、曽我兄弟のうち五郎は頼朝のところへ押しかけようとしている。一言文句を言いたかったからだ、と捕えられたあとで、五郎は言っているが、あるいは頼朝を害しようとしたのかもしれない。じつはこの仇討はふしぎな事件で、単なる親の仇討にとどまらず、もう少し深刻な政治問題もからんでいるような気もするのだが、もし私の推測が外れていないとすれば、だれかにそそのかされた五郎が頼朝を襲おうとしたことは十分考えられる。

ところで、一方の十郎をうちとったのが新田忠常である。忠常が北条時政に密着していることを考えると、どうやら十郎は時政のところへ行こうとしたのではないか。それを押しとどめたことと猛進するイノシシを斬りころしたのとは、なにか共通点があるような気もするのだが……。

このように北条氏に対して献身的に奉仕する忠常は、「北条義時」の章で触れたように、思いがけない最期を遂げる。比企の乱に先立って、比企能員殺害を主張したのは彼であり、また、事実、能員が北条氏の館に招かれたとき、その手をつかんで引きたおし、命を奪ったのも彼であったのだが、比企一族が滅ぼされてまもなく、忠常は北条氏によって殺されてしまうのだ。『吾妻鏡』は、これをゆきちがいからとし、さらに、新田忠常は、比企氏滅亡を知った病床の頼家から、ひそかに北条氏討伐の命を受けていたとも書いている。が、これらはどうもおかしい。あるいは比企氏討滅の陰謀を彼があまり知りすぎていたので、北条氏にやられたのではないか、という気もする。

伊豆の風土は、一方に北条氏のような成功者を生み、一方には伊東、工藤、新田のような脱落者を生んだ。

すべては歴史の光と翳《かげ》であり、いつに変わらぬ世のならいかもしれないが、彼らが変革の時代に歴史の大舞台に生きているだけに、その一つ一つが、今もわれわれに鮮烈な印象を与えずにはおかないのである。

武蔵七党

荒野のつわものたち

関東平野がまだ原始荒蕪《こうぶ》のおもかげを此処彼処《ここかしこ》にとどめていたころ——平安時代後期から鎌倉時代初期に、この荒野にふさわしい、雑草のようにたくましい小武士団が続々と誕生した。これがいわゆる武蔵七党である。

もっとも武蔵七党という名前は、あとからつけられたもので、その数も必ずしも七つとはかぎらなかった。彼らは大平野を流れる川のほとりや、小台地、山裾などに少しばかりの領地をもち、いざというときには、馬にまたがり、さして多くもない手勢をひきつれて飛びだしてゆく腕一本の小実力者だった。

じつをいうと、彼らの組織していた党が、どんなものだったかは、今でもあまりはっきりしていない。同じ祖先から分かれた同族と称しているが、必ずしもそうではなく、血縁以外のものも含まれていたかもしれない。かといって、地域集団と見るにしては、一つの党の所領が各地に散らばりすぎている。

一方そのころ東国には、小山とか千葉、畠山などの大武士団があった。彼らは一族の長を総帥に、血縁者、家の子、家人《けにん》、郎等《ろうどう》などがまとまって行動した。党もまたそんなふうにまとまって行動したものなのかどうか、党と大武士団と質的ちがいがあるのかどうかは、今後の研究にまたねばならないようだ。

ところで、この武蔵七党はどんな顔ぶれだったのか。

(一) 横山党　小野篁《おののたかむら》(平安朝の学者で政治家だった人物)の子孫と称する武士団で、前九年の役《えき》にも、源頼義《よりよし》に従って出陣している。現在の八王子あたりにあった横山庄を中心に、武蔵から相模などにその一党がいた。横山、成田、海老名《えびな》、愛甲《あいこう》、大串《おおくし》などと名乗る人びとがそれだ。

(二) 猪俣《いのまた》党　先祖は横山党と同じ、埼玉県の猪俣を中心に、荏原《えばら》、男衾《おぶすま》、岡部《おかべ》などという家があった。

(三) 野与《のよ》党　埼玉県の騎西《きさい》あたりにあったと思われる野与庄を中心とする武士団。先祖は平家で、足立郡、比企《ひき》郡等に、渋江《しぶえ》、多賀谷《たがや》などの一族がいた。

(四) 村山党　現在の村山、入間川《いるまがわ》あたりにいて、村山、金子、大井などを称する。

野与と同祖。

（五）児玉《こだま》党　いまの児玉郡を中心に、秩父、大里《おおさと》、入間郡にひろがった大族。児玉、庄《しょう》、本庄《ほんじょう》、塩谷《しおのや》などがそれである。

（六）西《にし》党　多摩川の中流沿岸に発展した一族で、西、平山、由井、田村などを名乗っている。

（七）丹《たん》党　平安初期に都から下ってきた丹治氏の子孫と称する集団。秩父から飯能《はんのう》にかけて、丹、大河原《おおがわら》、勅使河原《てしがわら》、安保《あぼ》その他がいた。

このほかに私市《きさいち》党、綴《つづき》党などもあり、関東平野を歩いてみると、今でもそのままの地名が残っていて、雑草のように生い育った彼らの息吹きを感じさせられることがある。

ところで、彼らと大豪族との関係はどうだったのか。このへんも、じつはよくはわからないのだが、『平家物語』の中で、横山党の大串次郎《じろう》を畠山重忠の烏帽子子《えぼしご》だと書いている。元服のとき冠をかぶせてやる役を烏帽子親《おや》、かぶせてもらったほうを烏帽子子というのだが、ふつう烏帽子親は一族とか主人筋の有力者を頼む。してみると、大串は畠山に隷属した家来ではないが、重忠をボスと仰ぐ関係にあったらしい。そして合戦ともなれば、畠山の指揮下に入って、出陣したことは、宇治川《うじがわ》の合戦のところで、大串次郎が畠山のすぐ後にいたということでも証拠づけられよう。

何といっても彼らは手勢も少ない。千葉、小山などという集団に比べれば働きもしれたもの、という感じもする。では彼らの実際の働きはどうだったろうか。

功名をめざして

『平家物語』に従って、大串次郎重親《しげちか》の動きを追ってみよう。

畠山重忠に従って宇治川まで来たものの、川は名にしおう急流である。勇敢に流れに乗りいれた重親は、あっというまに馬を流されてしまった。あわや溺死の寸前、彼は水中で誰かの足にすがりつく。それがみずから先頭を切って宇治川を渡りきろうとしている畠山重忠であった。

「だれだ」

ふりむく重忠に彼はすかさず答えた。

「重親です。馬を流されました」

大力の畠山重忠は、彼を軽々とつかみあげ、岸へ投げあげてやった。と、そのとたん、ひょいと起きあがった大串は叫んだものだ。

「武蔵国の住人、大串次郎重親。宇治川徒立《かちだ》ちの先陣ぞや」

危うく溺れかけたのを重忠に助けてもらい、投げあげてもらったおかげで、わずかに重忠より先に岸の地を踏んだだけなのに、「われこそ先陣」とは……。

図々しくもあり、何となく滑稽でもある。この名乗りを聞いて、敵も味方も、思わずどっと笑ってしまった。

この図々しさ、滑稽さ。いかにも武蔵野の荒野そだちの武士らしい。たしかに彼らは、学問や教養にはまったく縁の遠い存在だった。が、大串次郎が、必死で名乗りをあげるのには理由があった。当時の合戦では、他人が手柄を確認してくれなければ、恩賞にあずかれない。宇治川の戦陣はまさに好機である。投げあげられたものであろうとなかろうと、とにかくここで名乗らねば損というものだ。だからこそ、何はさておき、彼は先陣の宣言をしたのである。

彼らは大豪族のように部下がいない。手柄は自分の力でかちとらねばならない。戦場に出た以上、彼らは功名のチャンスにはぬけめなくとびつく。ときには仲間をだしぬくことも平気だ。たとえば、一《いち》ノ谷《たに》の合戦のとき、先陣をめざしていた西党の平山季重《すえしげ》は、横山党の成田五郎に声をかけられた。

「あんまり遠くへ行くなよ。味方が続いてこなければ、功名を確認してもらえないぞ」

それもそうだと思って、季重が味方を待っていると、そのすきを狙って、成田五郎は、さっと抜け駈けをしていってしまった。

――謀《はか》られたなっ。

季重は馬に鞭をくれて成田を追いぬき、やっと先頭に出て、すでにその場に到着していた熊谷直実《くまがいなおざね》とともに平家の陣にとびこんだ。

功名手柄、そしてそれの見返りとして与えられる恩賞（土地）をめざして、彼らは、命がけの働きをしたのだ。平山季重にかぎらず、一ノ谷の合戦は、まさに武蔵七党の活躍の場であった。平家方でも名のある越中前司盛俊《えっちゅうのぜんじもりとし》は、猪俣党の猪俣小平六則綱《こへいろくのりつな》が、そして薩摩守忠度《さつまのかみただのり》は、同じ猪俣党の岡辺六野太忠純《おかべろくやたただずみ》が討ち取っている。

が、中には私市党の河原太郎《かわらたろう》、次郎のような不運な侍もある。

「大名（豪族）たちは、自分が手をくださなくても、家人の手柄で名誉になるが、俺たち小勢はそうはいかないからな」

太郎は次郎にそういって立上がった。

「ここで俺が攻め入れば、万が一にも生きて帰れることはあるまい。お前は生きのこって、俺の手柄の証人になってくれ」

すると次郎は涙を流してそれを押しとどめた。

「たった二人の兄弟なのに、俺だけ生きのこって恩賞にあずかったって何にもならない。別々にいて討たれるよりも、一所でどうともなろう」

下人どもをよびよせ、その様子を妻子に伝えるよう言いつけ、自分たちは馬にも乗らず、わらぞうりのままで敵陣に攻め入って戦死してしまった。彼らの決死の働きをみて、敵将平知盛《とももり》までが、

「まさに一騎当千、惜しいつわものを死なせたな」

と言ったという。

もっとも武蔵七党の武士が、いつも恩賞だけをめざしていたわけではない。木曽義仲との合戦のとき、児玉党は、義仲の四天王の一人、樋口兼光《ひぐちかねみつ》の助命のために奔走した。

「日ごろ樋口はわれわれ児玉党と親しくつきあっていた。われわれが広く人とつきあうのは、万一合戦のときにも、敵方に知人がいれば、最悪の際にも一息つけるし、また命も助けてもらえるからである。樋口にしても、おそらく同じ思いであろう。こんどはわれわれの手柄とひきかえに、彼の命が助かるようとりなしてやろう」

そう思って樋口兼光に降人《こうにん》となることを申し入れた。もっとも、これには、朝廷方からの反対があって成功せず、兼光は斬られてしまうのだが、こんな面も彼らにはあったのである。

まさに悲喜こもごもの合戦絵巻といってよい。が、これだけ見てもわかるように、この源平合戦の折に、現実に敵とぶつかりあい、命とひきかえに勝利を奪いとったのは、彼ら武蔵七党だった。いかにもちっぽけな、雑草のような存在だが、その雑草のバイタリティこそ、東国の勝利の原動力となった。

してみれば、鎌倉幕府を作りあげる縁の下の力持ちは彼らだったといってもいい。その意味では、彼ら荒野のつわものたちは、まさに変革の担い手だったのである。

源平合戦のあと、それでは彼らは、望みどおりの恩賞にあずかったか。

これについては確たる史料はどこにもない。畠山、小山クラスの大豪族になると、その後どこの地頭職《しき》を手に入れたとか、どこの守護職を与えられたという史料があるのだが、ちっぽけな武蔵七党の恩賞まではわからないのだ。ただいえることは、彼らの中の誰ひとりとして、こうした大豪族クラスにのしあがったものはいない、ということだ。

教養もない腕一本のあばれ者は、平和になって政治的な権謀術数が横行するようになると、出る場所がなくなってしまうらしい。彼らがふたたび登場するのは、奥州征伐のときだ。例の宇治川の先陣で物笑いのたねになった大串次郎は、今度も畠山重忠のそばにいて、敵将の一人、西木戸太郎国衡《にしきどたろうくにひら》（藤原泰衡の異母兄）の首をあげている。

こんなふうに、合戦となればにわかに活気づく彼らである。気の荒い野人気質はなかなかおらない。ときにはそれが爆発して、七党内部での争いが起ることがある。一一九三年（建久四）、丹党と児玉党が衝突しあわや合戦になろうとしたが、畠山重忠の制止によってやっと事なきを得た。ここにも武蔵七党と畠山の関係が暗示されているような気がするが、重忠が謀叛の疑いをうけて殺されたときは、児玉、横山、金子、村山などの諸党は、幕府側に立って重忠追討に向かっているから緊密な主従関係でもなかったらしい。

いわばいつも脇役、「その他多勢」的な彼らだが、その後一度だけ、まさに中心的戦力として荒れ狂ったことがある。一二一三年（建保元）の和田の乱がそれだ。このときは横山党の横山右馬允《うまのじょう》時兼《ときかね》以下の横山党は、和田義盛の片腕として活躍し、しばしば幕府方をおびやかした。

横山党と和田は深いつながりがある。時兼の叔母は義盛の妻だし、妹は義盛の息子常《つね》盛《もり》に嫁いでいる。だから彼らは総力をあげて義盛を助けるべく駆けつけたのである。

この和田の乱は鎌倉の中で行なわれた最もすさまじい合戦の一つで三日間ぶっつづけに戦われた。最後に和田勢は力つきて全滅するが、『吾妻鏡』をみると、主だった戦死者の数は横山党が三十一人で最も多い。さらに横山党と思われる愛甲、海老名などを加えると戦死、捕虜あわせてかなりの数になる。

もちろん所領の横山庄は没収された。武力をほこった荒野のつわものらしい終末である。横山党はこうして滅亡するが、このとき横山党出身の和田義盛の妻は特に命を許されている。

いま、神奈川県横須賀市芦名《あしな》の浄楽寺《じょうらくじ》に阿弥陀《あみだ》三尊《さんぞん》と毘沙門天、不動明王の木像があるが昭和三十四年の調査で、毘沙門天の胎内から、運慶《うんけい》が一一八九年（文治《ぶんじ》五）小仏師十人をひきいて和田義盛と芳縁《ほうえん》小野氏のためにこれを作ったという銘札が出てきた。仏像の造立を証拠だてる貴重な手がかりであるが、それよりいま興味をそそられるのは「芳縁小野氏」という文字である。じつはこれこそ義盛の妻なのだ。横山党は小野篁の子孫と称しているので、格式をつけるため、ここではわざわざ小野と書いたのである。一族の安泰を願ってこの像を作ったとき、彼女は二十数年後の悲劇を予感したろうか。そして罪を許され、たった一人残されたとき、彼女は何を祈ったのだろう。一枚の木札は横山党の血をうけた一人の女性について、さまざまのことを考えさせてくれる。

横山党の歴史は、こんなふうにはっきりしているが、他の武蔵七党については、その後のことはよくわからない。『太平記』には、南北朝動乱期に、関東の合戦に武蔵七党が出陣したとあるが、具体的記述はないし、もうすでに解体している「坂東八平氏」と並べて書いているところをみると、どうも言葉のあやとしか思えない。

もちろん無名のつわものたちというだけの意味なら、いつの世にも武蔵七党的な武士は存在したろうが、いわゆる鎌倉初期の「党」がそのまま続いていることはありえないから、むしろ鎌倉時代のうちにそれらの党は再編成され、新しい武士団の組織の中に吸収されてしまったとみるべきではないだろうか。

始めもなく終りもなく、戦乱の中に片鱗をのぞかせて、浮き沈みしつづけた数百年

――そう捉えることが、雑草のような名もなきつわものたちのためにもいちばんふさわしいのではないか。

西国の権謀家たち

後白河法皇

デスポットか暗主か

異相の帝王——後白河法皇には、そんな呼び名がふさわしい。脇の張りだした頑固そうな頭、頭頂の平らなことがさらに角ばった印象を与えている。太い猪首、精悍《せいかん》なまなざし。残された肖像画をそのまま信ずることはできないにしても、歴代の帝王の肖像画のおおどかさに比べて、法皇のそれはかなり個性的である。めまぐるしい源平興亡の世を生きぬいた王者にふさわしい風貌といえるかもしれない。

戦前はこの時代を語るとき、かずかずの権力者と複雑なからみあいを見せるこの王者について、人びとは意識して評価を避けてきたようなところがあった。法皇を歴史家や小説家が正面切って時代の主役のひとりとして描きはじめたのは、戦後からである。かずかずの制約から解きはなたれて、歴史の本舞台におし出されたとき、そこに描かれた法皇の像の多くは、希代の権謀家、強力なデスポット（専制君主）としての姿だった。たしかに法皇の生涯をふりかえってみれば、そうよばれるにふさわしい面を持っている。保元・平治の乱の原因の一端は後白河自身にあったし、その前後の権力者たち――入道信西（藤原通憲）、藤原信頼、平清盛とその一族、源義仲、義経らが滅んだ後も、法皇ひとりは命をながらえている。しかも彼らの多くが、法皇とのかかわりあいのために、非業の死を遂げていることを思えば、まさに法皇こそ、この時代の歴史をあやつった主役であり、怪物的なデスポットであるかのように見える。

が、おもしろいことに、法皇は当時の人びとの眼には、必ずしも恐るべきデスポットとして映ってはいなかったようだ。いや、むしろ、君主としての資格がないとか、暗愚だとか軽率だとか、王者にはあるまじき評価をうけている。歴代天皇のうち、これほど徹底的な酷評をうけた人も珍しい。

では、われわれは、どちらの後白河像を信じたらいいのだろう。希代の暗主か、恐るべき策謀家のデスポットか。当時の人びとの眼に頼るべきか、それとも後世の評価にまつべきか。が、結論を急ぐことはよそう。むしろこうした未解決な評価のゆえに、問題の人物としての魅力があり、ここにとりあげられる意味もあるのだから……。

予期せざる即位

法皇の名は雅仁《まさひと》、一一二七年（大治《だいじ》二）生まれ。鳥羽《とば》天皇の、第四皇子である。母は中宮、待賢門院《たいけんもんいん》藤原璋子《しょうし》。この皇子に、天皇の器ではない、と最初に烙印《らくいん》を押したのは、ほかならぬ父鳥羽院だった。その理由は、遊びが過ぎるから、というのである。

遊びという言葉の意味には、もちろん今日の遊蕩の意味もあろうが、そのほかに皇子には、もうひとつたいへんな道楽があった。「今様《いまよう》」を歌うことである。「今様」すなわち、当世風の歌謡曲に熱中していたのだ。

しかもその熱中のしかたはただごとではなかった。昼はひねもす、夜は夜もすがら歌いあかす。声を破《わ》ること三度、ときにはのどがはれて、湯水も通らなくなったが、それでも歌いつづけた、というのだから楽しみの度を越している。はじめは側近から手ほどきをうけたが、のちになると、今様の上手ときけば、京の町の男女、雑仕《ぞうし》（下女）、江《え》口《ぐち》や神崎《かんざき》など淀川《よどがわ》ぞいに集まる遊女や旅のくぐつ（人形つかい）まで召しよせて伝授をうけた。

こうなってはもう、しろうとの物好きではない。皇族の趣味の範囲を逸脱している。

「あれは即位の器ではない」

父、鳥羽帝が眉をひそめるのも無理はない。もっとも、この言葉の裏には、もうひとつ複雑な事情がからんでいたのを見のがすわけにはゆかない。鳥羽院は、もともと、待賢門院璋子の生んだ皇子を位につけることには、気乗り薄なのだ。それは、院政期にふさわしい璋子の、妖花めいた魔性に原因するものだった。

璋子は鳥羽帝の祖父、白河院《しらかわいん》の養女として入内してきた女性である。があろうことか、そのときすでに、彼女と白河院の間にはとかくの噂があったのだ。彼女の父は権大納言藤原公実《きんざね》。彼女が七歳のときすでに亡くなっているから、彼の存在についてはしばらく措く。母は藤原光子《みつこ》で、白河の皇子である堀河《ほりかわ》天皇とその皇子鳥羽天皇の二代にわたって乳母《めのと》として仕えた。この乳母という存在が、若君の保育の全責任者であり、将来ともに大きな影響力を持つことは、これまでたびたび書いてきたからここでは繰返さないが、ともかく、皇子を預ける乳母に選ばれるのは、すなわち、父帝に絶大な信用があるからであって、彼女はとりもなおさず、白河の側近の一人でもあった。

その光子の娘の璋子の美貌が白河の目にとまったのがいつのことかははっきりしないのだが、ともかく少女は、白河の寵姫祇園女御《ぎおんのにょうご》にもかわいがられて、その養子になる。ちなみに、この祇園女御については、のちに平忠盛の妻になったという説があるが、これはどうも信じられない。むしろ、平家一門は白河の愛人として女王のごとく振舞う祇園女御を、主人筋の人間として奉仕に明けくれていたというのが真相らしい。

ともあれ、美貌の才女、璋子は、白河を父とし、祇園女御を母とするような形で日を過ごすうち、いつか白河の愛が、父としてのものから男としてのそれに変わった――と史料は伝えている。平安末の優雅でかつ頽廃にみちた宮廷に生い育つ少女が、おのずと身につけた魔性の故か、父――というより祖父に近い年齢の白河の衰えを知らぬ好色の故か……。もちろん事の性質上明るみに出る性質のものではないが、宮廷社会では、疑うべくもない事実として、口伝えにささやかれていたことはたしからしい。

にもかかわらず、璋子はその後まもなく白河の孫、鳥羽天皇の女御として入内して皇子を生む。そのとき、実の父親たる鳥羽天皇は、この皇子顕仁《あきひと》を、

「あれは叔父子《おじご》だ」

と言ったという。つまり、わが子のようでもあるが、祖父を父とした子なら、自分にとっては叔父だ、というのである。表面はわが子とはいえ、出生の謎を持つこの皇子と、その母なる璋子を、鳥羽がどんな眼で眺めていたかは、この一言から想像がつく。

が、なにしろ当時は白河院が元気で院政を行なっていたときだから、帝とはいえ権力のない鳥羽は心ならずも、この叔父子の第一皇子に位を譲らなければならなくなる。璋子との間にも雅仁を含めて五皇子、二皇女が生まれるが、といって、心の底では鳥羽は璋子を許してはいなかったのではないだろうか。

というのは、一一二九年（大治四）、白河が没して鳥羽院の院政が始まると、璋子と

の間は疎遠になり、新しく入内した美福門院得子《びふくもんいんとくし》が異常な寵愛をうけるようになるからだ。そしてその得子が、一一三九年（保延《ほうえん》五）、躰仁《なりひと》皇子を生むと、三か月で立太子の儀が行なわれるのである。

三か月の幼児の立太子！　璋子側に対するあてつけがましいこの決定によって、兄にあたる雅仁皇子の皇位への可能性はほとんど失われた。こうして、冷飯食いの身分を決定づけられた皇子が、以来ますます今様への傾斜を深めていった、と見るのは、あながち誤りではないかもしれない。

皇位に見放された皇子のほしいままな遊蕩生活、それが父帝に「即位の器にあらず」と言わせ、その言葉がさらに皇子を今様に溺れさせてゆく……。

しかし、この青年時代の今様への傾倒は、のちに大きな所産を残した。それは今様の集大成、『梁塵秘抄《りょうじんひしょう》』『梁塵秘抄口伝集《くでんしゅう》』の撰出だ。これこそほかに類のない古代歌謡の貴重な資料である。そしてもうひとつ、今様狂いは、その性格に、あざやかな痕跡を残した。物事に対する、とどまることを知らぬ惑溺《わくでき》という痕跡を……。もし、そのひとが、一介の今様歌い、今日のいわゆる「芸術家」だったら、これほどすばらしい資質はない。対象への惑溺、狂気にちかい情熱、これこそ芸術家の本質ではないか。この皇子も、そのまま政治から離れて今様に徹していられたら、あるいはたぐいまれな風流皇子として、歴史に名をとどめたかもしれない。

ところが――。思いがけない歴史の転回から、皇子は政治の檜舞台にひっぱりだされる。そしてそのとき、物事に溺れすぎるという性格は、かえってさまざまな波紋を起すことになるのである。

皇子が政治に登場するのは、まったく偶然のことからである。おのれをとびこえて皇嗣となり、たった三歳で兄崇徳帝の譲りをうけて即位した躰仁――近衛《このえ》天皇が、十七歳の若さで病死してしまうのだ。天皇にはまだ皇子がいなかった。天皇のうしろにあって事実上の権力を握っていた鳥羽院や、天皇の母美福門院は、後継者さがしに苦慮しなければならなかった。

候補者は数人いた。

ひとりは先帝、崇徳院の皇子重仁《しげひと》親王。が、崇徳と鳥羽の前のいきさつを考えれば、これは問題にならない。そのほかは皇女八条院暲子内親王《はちじょういんしょうし》や、待賢門院の生んだ第五皇子、覚性法親王《かくしょうほっしんのう》の還俗案もあったが、これにもそれぞれ難点があった。

のこるのは雅仁親王とその子守仁《もりひと》である。いや、はっきりいえば、守仁親王こそ、というのが、鳥羽院や美福門院の意中だったようだ。しかし守仁の父が現存しているのに、それをさしおいて皇位につけるわけにはゆかない。そこで鳥羽院は雅仁を即位の器にあらずと思いながらも、後嗣とすることに同意する。つまり雅仁は、その皇子守仁を皇太子にするための過渡的な手段として皇位をあたえられたのである。

皇位継承者としてはかなり屈辱的な事情のもとに、ともあれ、皇子は陽のあたる場所に登場する。ときに二十九歳。しかし鳥羽院は皇位についた皇子を決して信用はしていなかったようだ。翌年、病を得て没する前にも、平清盛、源為義など十人ほどの武士たちに起請文《きしょうもん》を書かせ、美福門院にこれを与えて後事を托しており、天皇はのけものにされた形だった。

鳥羽院の死によって、形の上では後白河の親政時代がやってきた。が、そのときはまだ側近の誰ひとりとして、父からも信用されていないこの天皇が長く王者の座に坐りつづけることになろうとは、思ってもいなかったに違いない。

興亡の渦のなかで

歴史というものは、じつにふしぎなものだ。それほど軽視され、つなぎの皇位継承者としか見られていなかったこの天皇が、意外な根強さで対立する相手を次々と降して王者の位置を守りつづけるのだから。しかもその相手はときには強力な武力を持っていたり、ときには後白河自身よりはるかに才学のすぐれた人物であったりする。にもかかわらず、相手は斃《たお》れ後白河が生きのこったのはなぜか？　以下時代を追ってそのあとをたどってみよう。

後白河天皇の最初の敵対者は兄、崇徳院である。院は、皇子重仁の即位にのぞみをかけていたのが裏切られ、深い恨みをいだいたようだ。ところが時を同じくして、もう一人不満をいだくものがあった。左大臣藤原頼長《よりなが》である。彼は日本一の大学生《だいがくしょう》（学者）とよばれるほどの人物だったが、美福門院と親しくなかったため、近衛天皇の死に際して呪詛《じゅそ》したという疑いをかけられて失脚する。これには頼長とその兄の忠通《ただみち》の確執もからんでのことなのだが、とにかく、崇徳院と頼長は、時代の渦からおきざりにされた形になった。

この両者に対して、後白河方は、むしろ積極的に挑発する。もっとも、策略の中心は後白河ではなく、乳母夫《めのと》として長年近侍した才人、信西入道（藤原通憲）や守仁の後見をしていた美福門院である。

彼らは鳥羽院がなくなった直後、平清盛、源義朝らの武士を集め、機先を制して崇徳院の白河御所に夜討をかける。これが保元の乱で、崇徳側は大敗し、頼長は敗死、崇徳院も讃岐に流され、崇徳側の武士の多くは死罪になった。

保元の乱では後白河自身は積極的な動きはみせていない。むしろ信西にかつがれ、幸運にも勝利を得たというべきで、ほかの人びとの利害もいくつかからんでいるものの、この事件は結局、信西と頼長の対立が生んだ争乱である。両者の世評は芳しくないが、いずれも当代きっての学者で政治的な抱負も持ちあわせたなかなかの人物だ。ただ名門の頼長よりも中級官僚出の信西のほうが用兵の妙をこころえ、大勢を見抜く力があったといえそうである。

だから、乱後行なわれた流刑・死罪が平安王朝に前例のないきびしいものであったにしても、それは信西の意向によるもので、後白河自身には直接の責任はない。しかし、即位後まもなく血なまぐさい戦乱を見、冷酷な処分を傍観したということ、これはやはりその後の生涯に深い翳《かげ》を落としはしなかったろうか。

乱後、後白河の朝廷の実権は信西が一手に握った。彼はなかなかのやりてで、平安中期以来廃絶していた大内裏《だいだいり》（皇居）を造営したり、荘園の整理を行なったりして辣腕をふるう。古今の政治史に通じた彼の一種の政治信念に基づいた施策は、たしかに政界を一新させたが、これも後白河の業績ではない。その後まもなく後白河は位を皇太子守仁親王（二条《にじょう》帝）に譲って院政を始めたが、これも信西の要請からと思われる。信西はこのときすでに出家していたので、表向きの官途は望めない。摂関の圧力をおしのけて自分の政治を実現するためには、後白河に院政をとらせ、その側近として力をふるうよりほかはなかったのだ。

また後白河自身にしても譲位はのぞむところだったろう。堅くるしい行事に追いまわされるよりも自由を楽しみたいという気は十分だったに違いない。さらにその十年ほど後には剃髪《ていはつ》して法皇とよばれるようになったが、とにかく位を降りてから、その行ないには、ほしいままな惑溺ぶりが目につくようになる。

その一つは左兵衛督《さひょうえのかみ》藤原信頼への度をすぎた寵愛だ。これを同時代人である慈円の著書『愚管抄』は、「あさましいほど」だったと書いているが、これは、その溺れ方が、君臣の関係をこえた不健康なものだったことを暗示している。

信頼はもともと大した人間ではない、が、彼は寵幸をほこって、身のほどもしらずに左大将になりたいと願った。もちろん信西はこれを許さなかった。ここから二人の不和は始まるのである。

信西にしてみれば、いよいよ院の側近として権力をふるおうというときになって、思わぬ敵が現われたわけだ。それでなくても荘園を削ったりしたことから摂関家にはにくまれている。その上、信頼からのつげ口で後白河の心も離れていってしまえば立つ瀬がない。

「なぜあんな小人《しょうじん》を近づけられるのか」

忿懣《ふんまん》やるかたない信西は、はしなくもその罵声を史料の中に残している。

「わが君は和漢に比類なき暗主だ。謀叛《むほん》の臣がそばにいてもわからないし、人がそれを注意しても気がつかない。こんな愚昧《ぐまい》さは古今見たことも聞いたこともない！」

これはのちに、九条兼実が、他人から聞いた話として日記『玉葉』の中に書きとめているのだが、信西の絶望的な憤りがうかがわれる。ついでにその所をひくと、信西はさらにこういっている。

「が、君にはその徳が二つある。一つは何かやりたいと思ったら人が制しても何でも必ずやりとげる。もう一つは聞いたことは決してお忘れにならぬ」

と。これに対して兼実もまた、思いたったらそれを押し通すなどは賢主にとっては大欠点だが、後白河はあまり愚昧だから、こんなことでも徳のうちなのだ、と痛烈な批評を加えている。

ところで信西が予感したとおり、信頼はまもなくクーデターを行なう。味方は保元の乱で恩賞が少なかったと不満たらたらの源義朝や、新帝二条の側近で、かねて後白河院政に批判的だった藤原経宗《つねむね》、藤原惟方《これかた》たちだった。ついに彼らは信西を殺し、信頼は念願の大臣兼大将を獲得する。

が、もちろん信頼には信西ほどの経綸《けいりん》の才はない。たちまち経宗、惟方の反感を買い、これと手を組んだ平清盛の挙兵によってあえない最期を遂げる。これが平治の乱で、信頼に味方した源氏一族もほとんど殺されてしまった。

このとき後白河自身は結局何もしなかった。保元の乱に側近として功績のあった信西、そしてあさましいまでに寵愛した信頼、この二人の死を、ただ手をつかねて見つめていただけなのだ。いや、じつをいえば「何もできなかった」と言うべきかもしれない。こんども保元の乱と同様、自身のあずかり知らぬところで事件は起きてしまっている。

乱のはじめ、上皇は天皇ともども信頼の軍に包囲される。天皇や上皇が味方にいなければ賊軍になってしまうので、彼らはまずこれを手中にしたのである。が、のちに清盛が挙兵すると内裏に火がつけられ、上皇は騒ぎにまぎれて仁和寺《にんなじ》につれ去られる。この間に自身の積極的な意志は働いていない。

乱後、後白河は愛する信頼のために命乞いをしたようだ。が、もちろん聞きいれられないと、そのまま黙ってしまう。「あさましいまでの寵愛」をそそいだ相手に対するにしてはそっけない仕打ちである。自分がこうと思ったら必ずしてしまうと言われる後白河にしてはねばりのないこの態度は大いに目をとめておいてよい。我執の強い半面、後白河にはこうした押しの弱さがあるのだ。特に自分が傍観的な立場にあるときは冷酷といっていいくらいあきらめが早い。度をすごす惑溺のうしろからふいに顔をのぞかす無関心さ。これがその後も繰返されるのだが、信頼をめぐってその片鱗を窺うことができるようである。

このとき、二条天皇側の経宗、惟方に押えられて、後白河は完全に政治的発言を封じられ、信西、信頼なきあとの無力さを自身いやというほど思いしらされた。かわって実権を握った経宗、惟方のやり方は苛酷だった。そのころ後白河が、宿所にあてられた藤原顕長《あきなが》の家で、時おり桟敷《さじき》に出て往来の人びとを見物していると聞くと、さっそく外から板をうちつけて、見えないようにしてしまった。

「ワガ世ニアリナシハコノ惟方、経宗ニアリ、是ヲ思フ程イマシメテマイラセヨ」

と泣く泣く後白河は平清盛にいいつけている。またその意志によって蓮華王院《れんげおういん》（三十三間堂）が完成したときも、その法要に二条帝が何も協力せず、勧賞《かんじょう》も許さなかったので、

「ヤヤ　ナンノ　ニクサニ　ニクサニ」

と涙をうかべて、嘆いたという。権力をとりあげられた駄々っ子的な後白河の風貌のうかがわれるエピソードである。

この不遇の時期に後白河の最も頼みにしたのは平清盛だった。彼は祖父以来、院の近臣として出世してきた家柄で、院とは結びつきやすい立場にあった。が、一方平治の乱このかた、天皇側からも清盛は大きな信任を得ている。要領のいい清盛はこの両者の間をたくみに行き来して勢力を強めていったのである。

そのうち平家と後白河のつながりがいっそう深められる。後白河の妹上西門院《じょうさいもんいん》に仕えていた少弁局《しょうべんのつぼね》平滋子《たいらのしげこ》がその寵愛をうけ皇子を生んだのだ。この滋子は清盛の妻時子《ときこ》の妹だった。後白河はこの滋子を溺愛した。そしてその生んだ皇子を皇位につけることを考えはじめる。ここにおいて清盛と後白河の利害は完全に一致するのである。

滋子やその生んだ皇子憲仁《のりひと》を含めて平家一門への後白河の惑溺は急激に深まってゆく。さきの経宗惟方を捕えてこいと涙ながらに訴えたというエピソードに見るように、後白

河は、いくつも年上でない清盛の前で駄々っ子のようにわめいたり、すがりついたりしている。これは祖父の白河院が武士をあやつったのとはだいぶ違う。

白河法皇は、たしかにデスポットの名にふさわしく、一段上から源義家《よしいえ》や平正盛《まさもり》などをあごで使っている趣きがあった。が、後白河は頼りになる相手とみれば、自分のほうからすがりついてしまうのだ。一つには自分の溺れやすい性格のせいでもあり、また一つには、時代のせいでもあろう。院政そのものが弱体化し武士を抑えられなくなっていたのだ。

しかもこの溺れやすい性格のために傷つくのは、ほかならぬ後白河自身だった。清盛との間も利害の一致している間はまことに具合がよいがいったん行きちがいが起こると、たちまち窮地に陥るのである。

たとえば、清盛の娘の盛子《もりこ》は、ときの関白藤原基実《もとざね》夫人になっていたが、後白河は皇子の憲仁をその猶子《ゆうし》（養子）にした。こうすれば、憲仁が皇太子になったとき、清盛は外祖父として権力がふるえるし、後白河も、将来基実が死んだとき、その財産を盛子から憲仁へと伝えさせて、皇室の財産にくりいれることができるというわけだった。

この二人三脚ははじめはしごく順調にいった。計画通り憲仁は皇太子となり、清盛は東宮大夫《とうぐうのだいぶ》からとんとん拍子に出世して、従一位太政大臣となる。さらに即位した憲仁（高倉天皇）に娘の徳子を入内させ、これに皇子（のちの安徳天皇）が生まれるにいたって平家の勢力は確固たるものになった。

このときになって、後白河はその溺れすぎに気がついたようだ。摂関家を抑えるために武士を登用したら、いつのまにかその武士が摂関家以上の強力なものになってしまった……富と武力と権力を集めた平家は、いつか後白河の手にはおえない存在になっていた。

たとえば、そのころ院の寵臣藤原成親《なりちか》が、所領のことで延暦寺《えんりやくじ》と争いを起こしたことがあった。後白河は平家の武力で延暦寺を抑えようとしたが、このとき延暦寺とよしみを通じていた平家は応じようとしなかった。このあたりから後白河と平家の関係は微妙なくいちがいをみせはじめ、ついに後白河は成親らに平家追討の計画をたてさせる。これが有名な鹿《しし》ケ谷《たに》の事件である。この密議は内通者が出て平家に漏れ、事件に関係した近臣は殺されたり島流しにされてしまう。

溺れきっていたものから手ひどい反撃をうけ、後白河の平家に対する態度は激変する。ものごとを溺愛するような人間は、また人一倍憎しみも強いのだ。以来、後白河は執拗に平家に嫌がらせをはじめる。例の基実夫人の盛子（清盛の娘）が死ぬとその所領を没収したり、清盛の子重盛《しげもり》が死んだときも、その子維盛《これもり》の相続した越前国をとりあげたり……憤慨した清盛はついに御所を襲って後白河を幽閉する。ここにいたって後白河は「以後一切政治には口を出さない」と兜《かぶと》をぬぐのである。

和合から対立、そして降伏——なんという変転ぶりだろう。後白河にすれば、そのひとつひとつがやむを得ないものだったかもしれないが、結果的にみれば、自主性のない溺れすぎがまねいた傷というよりほかはない。これで強力なデスポットといえるだろうか。時代の波にゆられて右往左往しているだけではないか。

が、その後各地で反平家の内乱が起こったので、清盛はやむなく後白河と和解し、幽閉をといて政権をかえす。失地回復した後白河はしかし、決して平家を許しはしない。いったんこうと思いつめたらやりとげずにはいない性格を持った後白河は、幽閉の屈辱を与えた平家への憎しみを忘れはしないのだ。

この難局のさなか清盛が死に、平家はますます弱体化する。そこをめがけて木曽で挙兵した源義仲が殺到し、ついに平家は安徳天皇を奉じて西海に逃れる。このとき、平家は後白河をも道連れにするつもりだったが、近臣のはからいで、後白河は危機一髪のところで叡山《えいざん》に逃れてしまう。そして義仲が入京するとただちに平家の追討を命じるのである。

が、考えてみれば、安徳天皇は血のつながった孫である。この幼帝をはじめ、長い間親しんできた平家一族を簡単に見限ってしまうとは非情なやり方だが、こうした後白河の非情さは、すでに信頼事件で見せつけられたところだ。平家に対する場合は、それがもっとはっきりした形で現われたといっていい。デスポット的な非情さというべきだろうか。いや、むしろ、溺れすぎと、その反動としての憎しみや非情さの中に後白河のデスポットたり得ない弱さを見るべきではないだろうか。この二面に危うく支えられて、とにかく後白河は平家という波をのりこえたのである。

目の上のこぶであった平家を追い落とした木曽（源）義仲は当時、後白河にとってはまことに頼もしい相手だった。

が、近づけてみると彼はあまりにも野卑で無教養で、宮中のしきたりも知らず、平家とは別の意味で後白河をてこずらせた。しかも当時はひどい飢饉《ききん》だったので、上洛した木曽勢は京中で掠奪をほしいままにし、たちまち人びとの恨みを買った。

憎い平家を討とうとして手段を選ばずにこんな荒武者を近づけたことに後白河はまもなく後悔しはじめる。さらに義仲が皇位の継承に口を出してきたので、すっかり嫌気がさしてしまったらしい。

かつて平家を頼りとし、のちにこれを見放したように、後白河は義仲を見限る。ちょうどそこへ、坂東で旗揚げした源頼朝が巧妙な申し入れをしてきたのだ。

「東海、東山、北陸道の国衙《こくが》領、荘園は、もとのように国司や本所（所有者）にかえすようにという院宣《いんぜん》を賜わりたい。もしこれに従わぬ者があれば頼朝に連絡するようにして頂きたい」

つまり、国衙領や荘園はそのまま認めるから、管理をまかせてくれ、そうすれば年貢もとどこおりなく届くようにしよう、という申し出なのだ。なんとものわかりのいい話だろう。乱暴者の義仲とは雲泥の差だ！

後白河はこの提案にとびつき、一日も早く上京して義仲を討つようにと命じる。平家を討った義仲はいつの間にか討たれる立場に追いこまれてしまったのだ。狡兎《こうと》死して走狗《そうく》煮らる。

このへんの後白河のかけひきはあざやかだ。いかにも世評通りの策謀家の面目躍如である。

かといって後白河を希代の権謀家と見るのはどうだろうか。相手の義仲は木曾の山家《やまが》そだちの世間しらずなのだ。これを料理したからといって名誉な話ではない。

しかも、最後に後白河は義仲から手ひどい反撃を食っている。後白河の態度に腹をたてた義仲にその御所、法住寺《ほうじじゆうじ》殿を焼打ちされ、そのまま幽閉されてしまうのだ。清盛のときと同じく、後白河は、またしてもピンチに追いこまれるのである。

こうなると待たれるのは頼朝の麾下《きか》、鎌倉勢の到着である。必死の義仲は後白河を奉じて北陸へ退こうとする。あわやというところで鎌倉勢が到着し、義仲はむざんな最期を遂げ、後白河は救出される。

次に登場した義経も、結果においては義仲と同じ道をたどるのは、周知の事実だ。すなわち、義仲を討ち、平家を全滅させ、都に平和をもたらしたにもかかわらず、兄の頼朝に憎まれて自滅の道をたどるのだ。

しかも、このとき、義経と頼朝の不和のたねをまいたのは後白河だった。頼朝がかねて鎌倉勢への恩賞は頼朝の申請によって行なっていただきたい、という申し入れをしていたにもかかわらず、頼朝に無断で、義経を検非違使《けびいし》、左衛門少尉《さえもんのしょうじょう》に任じてしまったのである。この役は今でいうならば、さしずめ警視庁の局長クラスといったところだが、当時としてはなかなか名誉な役どころだった。

この経過についてはすでに「源頼朝」の章で触れているが、東国ピラミッドの存立を賭けた兄弟の相剋は、後白河側から見れば、まさに思うつぼであった。今までたびたび後白河は武士に手を焼いてきている。だから今度も鎌倉の勢力があまり強大にならないようにおさえつける必要があった。その意味で義経頼朝の不和はもっけの幸いだったのである。

兄弟の不和をあおるように、後白河はついで義経を従五位下に叙した。これは、大夫尉《たゆうのじょう》とか大夫判官《たゆうほうがん》と呼ばれ、ひどく名誉なこととされていた。さらに後白河は義経に院の昇殿を許しているが、これは異例の栄誉である。

案の定、頼朝は大いに怒った。「無断任官をしたものは鎌倉に入れない」という掟をたてにとって、平家の捕虜を護送してきた義経に鎌倉にはいることを許さず、そのまま都へ追い返している。義経がまもなく反頼朝の旗をあげ自滅の道をたどることは周知の通りだが、ここでは後白河の兄弟離間策はみごとに成功したかにみえる。

この限りでは策謀家という後白河への評は決して間違ってはいないようだが、前後のいきさつをみると、後白河はじつは大きなミスをしている。というのは、義経の挙兵の折に、ついうかうかと頼朝追討の院宣を渡してしまったのだ。

これについては、当時の識者、九条兼実などは、はっきりと反対している。

「頼朝に重科があるならともかく、そうでもなければ院宣を出すべきではない」

にもかかわらず後白河は義経に院宣を渡してしまったのだ。もっともこれには、苦しい事情もあった。当時義経が都で兵をあつめて頼朝に敵対し、後白河を奉じて西国へ降るという噂がしきりと行なわれていたからだ。

後白河は兵火はもうこりごりだった。平家や義仲に幽閉された苦い経験も忘れてはいない。自身兵力を持たないみじめさは、身にしみて知っているはずだ。だからこそ義経には特に目をかけ、自分の手足となって京都の守りをしてもらおうと思ったのだ。かずかずの優遇は、もちろん兄弟離間の意図もあったが、いまひとつ、真に自分の味方になってくれる兵力が欲しいと思ったからでもあった。

その義経に自分の膝元で戦端を開かれてはたまらない。それで極力彼をなだめ、四国九州の管理権を与えて都を立ちのかせることにした。その際、義経に頼朝追討の院宣を強請された後白河は、わが身の安全とひきかえに、これを与えてしまったのだ。義経を厄介払いするための、まったく一時のがれの策だった。

ところが思いがけないほどの早さで義経の挙兵は失敗する。あわてた後白河は、頼朝の手前をつくろって大いそぎで義経追討の院宣を下す。なんたる無定見！　例の兼実が、

「朝家ノ軽忽《キャウコツ》、コレヲ以テ察スベシ」

と批難するのもやむを得ないことだ。

が、頼朝はそんなことでごまかされなかった。後白河は側近を鎌倉へやって、頼朝追討は本意ではないことを極力弁解したが、頼朝はこれを無視するように義経追討に名を借りて千騎の軍勢を上洛させ、頼朝追討の院宣に関係した朝臣の解任を求め、さらに、義経捜索のために、軍事警察権を握ることと、全国から段別五升の兵糧米をとりたてることを認めてほしいと要求してきた。院宣の件で弱みのある後白河は、この申し出を承諾せざるを得なかった。この要求に関連して、頼朝が後白河を「日本一の大天狗」と言ったことが、意味をとり違えられて、後白河の怪物性を証明する言葉のようにとられているが、これは頼朝側の痛烈な揶揄《やゆ》であることはすでに「源頼朝」の章で触れておいた。

ともあれ、頼朝側のこの提案は重大だ。歴史家の指摘するように、これこそのちに鎌倉側が独自の政治権力を獲得する基礎を作るものだからだ。いいかえれば、古代貴族社会はここで大きな譲歩をしたのである。一枚の院宣によって失ったものの大きさを思えば、後白河の兄弟離間策は、むしろ失敗というよりほかはない。

宿命を負って

こうしてみると、後白河の歴史は決して華やかなデスポットとしてのそれではない。一見次々と権力者の間をすりぬけてきたようだが、そこには必ずといってよいほど失敗の翳がつきまとっている。彼らをあやつったのではなく、むしろ時代の波に翻弄されたのは後白河自身なのだ。

もっともこれは決して後白河ひとりの責任ではないかもしれない。時代は移り、武士の世になりつつあった。すでに院政の時期ではなくなっていたのである。その崩れゆく古代社会を後白河は必死になってくいとめようとした。退嬰《たいえい》的な公卿たちはまったく頼りにならなかった。一代の有識者といわれた九条兼実すら根本的には何の見通しも持たず、いざというときは「それは法皇御自身がおきめになることです」と逃げてしまうのだから。

崩れかけた土台を支えるためには、後白河はわが手で頼りになるものをほかにさがさなければならない。清盛、義仲、義経……。が、それらもしょせん親身になってはくれないと知ると、次々と対象を変えてしがみつき、前に頼りにしていたものを非情にふりすてる。これを繰返さざるを得ない後白河の姿に、

「彼は天皇の器ならず」
と言いきった、父鳥羽法皇の言葉を重ねあわせるとき、それが感情的になされた発言であったにせよ、おそろしいまでに、その未来を予見していることに、ある驚きを感ぜざるを得ない。

しかも、ここに後白河の持って生まれた愛憎の深さがからみあってくると、事態はますます複雑になる。たとえば、摂政藤原基通《もとみち》は政治的にはまったく無能だったが、後白河はこれと男色関係を結んで溺愛し、例の兼実に「これぞ君臣一体だ」などと皮肉をいわれている。頼朝はこの基通をやめさせて、兼実を摂政にしたかったのだが、後白河はなかなか許さなかった。

また女性では丹後局を寵愛している。彼女は院の近臣平業房の妻だったが、業房の死後いつか後白河の寵をうけるようになり皇女を生んだ。なかなか才幹のある女性だったらしく政治上のことにもいろいろ口を出し、出世するためには彼女にとりいらねばだめだというようなことをしきりにささやかれた。のちに彼女は皇女の母ということで従二位に昇り、人びとの目を驚かせている。愛情の深いのは人間としてはむしろすばらしいことなのだが、後白河のような立場にあると、その溺愛が不必要な摩擦を生んだり政治上の過失を招いたりするのである。

だが、政治を離れた場合の後白河の愛情のほとばしらせ方はむしろすがすがしい。かつて後白河は遊女の乙前《おとまえ》というものに今様を習ったが、このときは彼女に宮中に局を与えて優遇した。さらに十数年後、乙前が病気になると、したしくこれを見舞い、法華経《ほけきょう》をよんできかせ、今様を歌ってやり死後も手厚い供養を行なっている。

だからもし一介の皇子として今様に徹していれば、愛情こまやかな芸術家としてまったく別の評価をうけていたかもしれない。後白河は難局にぶつかると、しばしば「もう政治はやめた」と言ってみたり、ときには「年来政治に心をとめたことはない」と告白しているが、これはわがままで無責任な言葉というより、案外本心の声だったかもしれない。

が、はからずも帝位についた後白河は古代国家の終末を支えるという重任を背負わされる。その政治的手腕はまったく買えないが、むしろ芸術家かたぎの資質を備えながら動乱期の政治をまかされたところに後白河の悲劇がある。時代の子として渦の中であがき、傷つく姿には、デスポットか暗主かの論議を超えた人間的なものが感じられるような気がする。

源　通親

変革期のマキァベリスト

源通親《みちちか》は日本史上最大のマキァベリストである。源平争乱期から鎌倉初期まで、京都を含めて全国が動乱に巻きこまれたあの時期に、小気味よいほどの権謀の冴えを見せつつ、厚顔に世を押し渡ったこの人物に、かねてから、ある種の敬意と親愛の念を禁じ得ないでいる私は、かつて彼について短編を書いたこともあるのだが、スケールの割に人に知られることのない彼に触れるには、やはり常識的に出自から始めるべきであろう。

通親は村上源氏、父雅通《まさみち》は内大臣、祖父は右大臣になっているから、まず、かなりの家柄といっていい。しかし、摂政関白の座について政治を左右し得る藤原氏の嫡流グループから見れば、あきらかに一段おとり、たかだか伴食大臣の席にありつくといった役どころである。

しかも、当時の実情では、大臣の子必ずしも大臣になれるとは限らず——というより、その官職はしだいに低下してゆくのがふつうだったから、彼の前途は必ずしも楽観は許されなかった。十歳で叙爵、十七歳従五位上、十九歳右少将——。その出世はさほど遅くもなかったが、さりとてめざましいものでは決してなかった。

その上、叙爵の二年前に保元の乱が起こり、十一歳で平治の乱を見ている。その中に巻きこまれるほど一人前になっていなかったにしろ、物心ついた時、すでに争乱の時代は始まっていたのである。乱が終わると同時に、平清盛がめきめき頭角をあらわしてきたのも見逃せないことだった。今まで公家社会には無縁に近かった清盛系の平氏は、これ以後、どんどん進出して公家の座を食い荒らしてゆく。うっかりしていれば、ますます自分の居場所はなくなってしまう。名門の子だからといって、おっとり構えてはいられなかった。

今も昔も、名門の子弟には二つのタイプがある。最初から勝負を投げて出世をあきらめてしまうのと、ひどくぬけめなく立廻って要領よく割り込んでしまうのと。そして後者の場合は、いわゆる成上り者の粗雑な力ずくの押しとは別種の、小面憎いほどの技巧を駆使して見せる。

通親はもちろん後者である。公家社会のしくみもその泣きどころも心得た上での彼の巧妙な作戦は、どうやら右少将になった以前からすでに始まっていたらしい。

若い男の常として、そのころの彼は夜歩きに忙しかった。が、じつは、このラブ・ハントに彼の最初の作戦計画は秘められていた。まず狙ったのは、大納言花山院《かざんいん》(藤原)忠雅《ただまさ》の娘だが忠雅は、やがて内大臣から太政大臣へと昇進する。その意味では通親はみごとに出世株の娘を手に入れたわけだが、じつは彼の狙いはそれだけではなかった。というのは、彼の妻になったその娘には姉があって、そこへときの関白、藤原基房《もとふさ》がひそかに通っていたのだ。してみると、関白と相婿になることで、さらに出世を容易にしようという下心があってのことらしい。こんなふうに、彼は一手をおろすとき、じつはその中に二重にも三重にも意味をこめている。そうした彼の周到さが、はやくもラブ・ハントに片鱗をのぞかせているというのもおもしろいことである。

とはいうものの、さきに触れたように、この時期、平家はどんどん台頭している。いつまでも基房や忠雅を相手にしていては、時代にとりのこされる恐れがある。そこで彼は平家にも近づく計画を樹てる。

女性関係を楯に

すでに忠雅の娘との間には男の子が生まれていたが、いつか足が遠のき、今度は平教《のり》盛《もり》の娘のところへしげしげと通いはじめ、数年後には、そこにも男の子が生まれた。この女性については通盛《みちもり》（教盛の子）の娘だという説もあるが、年齢的にはそれでは少しつりあいがとれないので『尊卑分脈』に従って教盛の娘としておく。

ともあれ、「これからは平家の時代だ」と思ったら、さっさと方向を転換する要領のよさ。おかげで彼は平家一門から大いに信頼され、一一七九年（治承三）には、蔵人《くろうど》頭《のとう》になり中宮権亮《ちゆうぐうのごんのすけ》を兼ね、清盛の計画した福原遷都の時などは、めざましい活躍をみせた。蔵人頭というのは、天皇の側近にあって、身の廻りの雑事をさばき、秘密の文書の出し入れや、高官との間の取次ぎなどをする役である。今でいえば、秘書兼内閣官房長官のようなものであろうか。いわゆる能吏型のタイプが任ぜられる出世コースのポストである。ときに通親三十一歳、天性の権謀の才に磨きをかけたとしたら、まさにこの時期であったに違いない。

一方の中宮権亮は、いうまでもなく中宮付の役人だが、当時の中宮は、平清盛の娘で、高倉帝の妃の徳子だから、彼は平家の胸許深く食いこんだことになる。この中宮職《しき》の役人には、ふつう、中宮の兄弟とか縁故に連なる人間が任命されるケースが多いから、平家のほうでも、教盛の婿である彼を一族同様にみなしていたのだろうか。かくて通親は一一八〇年（治承四）正月待望の参議に昇進する。准閣僚級の政界要人にのしあがったわけだ。

もっとも、羽ぶりのいい一族の娘を狙って権勢に近づくというだけなら、多少世故にたけた男なら、誰でも考えつくことである。いや、この年頼朝が伊豆で挙兵して、やがて平家が落ち目になることを考えれば、それだけでは、あまり先の見える男とはいえないかもしれない。

ところが、彼の才覚は、じつはここでとどまらなかった。あたかもその先を見通していたごとく、平家に近づくというその過程で、次の段階への飛躍を用意していたのである。そして、平家一門が木曽義仲の進攻を避けて都落ちした時点で、その才は、みごとに発揮されるのだ。

平家一門が都落ちしたのは一一八三年（寿永二）、もちろん一門ならざる彼は都にとどまっているが、このとき、都落ちしたものの中には、一見平家一門とは見えない人間も混じっていた。法勝寺《ほっしょうじ》の執行《しゅぎょう》、能円《のうえん》などもその一人である。しかし、系譜をもう一度見直すならば、能円は意外に平家に近い人間であることに気づくはずだ。彼は、じつは平大納言時忠《ときただ》や、清盛の妻時子の異父弟なのである。してみれば、彼が当時指折りの大寺の一つ、法勝寺の執行になり得た理由もほぼ察しがつく。当時の執行というのはただの寺の役僧ではない。法皇の側近として近侍し、かなり政治上の働きをみせる蔭の存在だ。かつて鹿ケ谷の事件に関係して鬼界ケ島《きかいがしま》に流された俊寛《しゅんかん》も、この法勝寺の執行だった。

ところでこの能円には範子という高倉家出身の妻がいて、その間には一人の娘が生まれていた。この妻や娘は都落ちには加わらず、都にとどまっていたが、そこへ通親は臆面もなく近づき、とうとうその夫としておさまりこんでしまったのである。たぶん平家一門に連なる縁で、能円やその妻とは、これまでに多少交渉があったと思われるから、その縁故を辿ってのことではなかったか。

もっとも、これだけ見れば、何ということはない恋愛事件である。いや、すでに恋の愛のと大騒ぎする年でもなくなった男が、こぶを連れた古女房と再婚したとしか見えない小事件だが、じつはこれには、通親一流の深い読みがあった。というのは、この範子が高倉天皇の第四皇子、尊成《たかひら》親王の乳母《めのと》だったのだ。そしてこの皇子尊成こそ、平家とともに都を離れた安徳天皇の後を襲って皇位についた後鳥羽天皇そのひとであった。

ここまで辿ってくると、通親の時代を見る目の鋭さに舌を巻かざるを得ない。平家時代にはいち早くその一門に近づき、落ち目となればさっさと見捨てる。しかも新帝の乳母の袖の下にのこのこと潜りこんでしまうとは、さすがというよりほかはない。

当時の乳母は、養君に対して絶大な発言力を持っている。子供のころは、乳母をはじめその夫や子供が一家を挙げて養育に奉仕するかわり、その養君が権力の座に坐れば、またたくまにその近臣として浮かび上がる。さきに少納言藤原通憲――すなわち信西入道が、後白河の乳母紀伊局の夫となって権力の座に近づいたと同じことを通親は目論んでいたのだった。

以後通親は、後鳥羽の忠実な側近として、廟堂の奥深くにじわじわと食いこんでゆく。もっとも範子はまもなく通親の子を身ごもり、以後毎年のように子供を生みつづけたから、政治的にはあまり役には立たなかったらしい。そのかわり乳母として後鳥羽の側近に奉仕したのは範子の姉妹の兼子だった。彼女が卿二位として後鳥羽の背後で勢力をふるうのはもっと後のことだが、ともあれ通親は範子を通じて、兼子という策謀にかけては男まさりのよい相棒を得たのである。

藤原氏から平氏へ、そして後鳥羽の乳母範子へと通親の女性関係は、めまぐるしく変転する。当時の男として、これは決して珍しいことではないが、こんなときにも無駄弾丸は一発も打たず、我が身の出世に結びつけてゆくぬけめのなさ。とうてい野暮な男のできる芸当ではない。

華麗なる権謀

では後鳥羽天皇の乳母の夫になったことは、彼にどのような効果をもたらしたか？

その昇進の跡を辿ってみると、残念ながら、さほどめざましいものではなかった。

もちろん、効果がなかったわけではない。後鳥羽即位の二年後正三位（三十七歳）、その二年後三人の先輩をさしおいて従二位。序列のやかましい当時、先任者を飛びこして昇進するのは、なかなかの大事件だし、とかく波紋を起こしがちの事ではあるが、しかし、このくらいは、珍しいことではない。つづいて正二位、右衛門督、左衛門督、中納言と、十年ほどの間に、まず順当といっていい出世はしているが、さりとて、他人が目を見張るというほどのものでもない。

これはなぜか。ひとつには、後鳥羽がまだ少年であり、実質的には祖父にあたる後白河が、六、七年の間は健在で、廟堂の権力を握っていたからだ。後白河と彼の間は疎遠ではなかったが、このときまでは特に寵臣というわけでもなかったから、とりわけ彼に目をかけてはくれなかったらしい。

さらにもう一つ、彼の目の前には障礙《しょうげ》があった。摂政九条兼実の存在である。彼は藤原氏の嫡流で早くから右大臣に任じられていたが、後白河とも清盛とも反りがあわず、長いこと政治の圏外におかれていた。右大臣といえば、閣僚のトップクラスと思いがちだが、このころは、摂政や関白になるか、あるいは文書《もんじょ》内覧の宣旨をうけ、その一方で藤氏の氏長者《うじのちょうじゃ》にならなければ、ほんとうの権力者とは言えないのである。

兼実が浮かび上がれなかった理由はいくつかある。藤氏内部の内紛もその一つだが、博覧強記で故事典礼にくわしく、王朝風の摂関中心の政治を理想とする彼と、新興階級の清盛や、場あたり主義の後白河とは、性格も政治理念もまるきり違っていたことが大きな原因であろう。おかげで彼は十八で右大臣になってから、三十八歳までその地位を動かずじまいだった。その間二十年！ まさに屈辱的ともいえる長さである。

ところが、この長すぎる冷飯時代が逆に幸運をもたらす結果になった。彼が世の中を白眼視し、その日記『玉葉』の中で不平不満を並べたてている間に平家は滅び、後を追ってきた木曽義仲もまたたくまに没落してしまったのだ。そしてこの後台頭してきた武家の棟梁、源頼朝が「手垢のついてない人物」として兼実に望みをかけ、その摂関就任を強く希望してきたのである。

かくて後白河は心ならずも頼朝の言い分に屈して兼実を摂政に迎えるのだが、この兼実が通親と同い年だということは、注目しておいてよいと思う。もっとも、このころの兼実の目から見れば、通親は問題にならない下僚だった。家柄も一段低いし、彼が右大臣になって十年以上経ったときに、やっと参議の末席に顔を出してきた通親などは、てんで格が違うと思っていたらしい。それに通親には兼実のような学識がない。『玉葉』には朝廷での議事進行にあたって、通親のやり方がまちがっていたなどとこきおろしている所もあるから、お眼鏡に適う人物ではなかったらしい。それに第一、平家のまわりでちょこまか動いて甘い汁にありつこうとしているような人物は、平家ぎらいの兼実から見れば、言語道断の人間であったかもしれない。

では、この後白河と兼実に頭を押えられていた時代、通親はどうしていたか。首をすくめて彼らの通りすぎるのを待っていたか。

いや、断じて！　彼は後白河と兼実の微妙な対立を鋭く見抜いていた。そして来たるべき時に備えて、すでに巧妙な種蒔きをしていたのである。まず最初にやったことは、後白河の寵姫、丹後局、高階栄子《たかしなえいし》に近づくことだった。彼女は院の近臣平業房の妻から、いつのまにか後白河の寵姫になってしまったという女性である。しかも単なる愛人であるにとどまらず、政治、人事にもどんどん介入するといった、政治愛好型の人間だった。

彼女は、後白河との間に覲子《きんし》内親王をもうけていたが、通親はここに狙いをつけた。彼はまずこの皇女のために、院号宣下の猛運動を始めたのだ。院号というのは、当時国母（または准母）に対して賜わるもので、この宣下をうけると、上皇・法皇のように、社会的にも経済的にも優遇される。このとき覲子は内親王ではあるが、国母ではなかった。これに院号宣下を乞うのはごり押しである。しかもこれには摂政の承認が必要だが、当時の摂政は、やたらと先規を重んじる兼実だったから、おいそれとはゆかなかった。

その上、兼実と後白河は反りがあわないときている。丹後局を、ひそかに「なりあがり女」と呼んでつまはじきしている彼が首を縦にふるとは思われなかった。

ところが、ふしぎにも兼実はこの院号宣下を承諾する。じつはこの裏には交換条件があって、少年天皇後鳥羽が成人の暁に、兼実の子任子を入内させ、中宮に冊立するという含みがあったかららしい。この巧妙な駆引きは、誰が考えついたのか、今となっては知る由もないが、覲子が宣陽門院《せんようもんいん》という院号をうけた時点で通親がその院の別当となり、すでに成長していた息子たちをその要職にすえて女院の庁の実権を一手に握ったところを見ると、蔭に廻っての暗躍ぶりも知れようというものだ。

覲子の院号宣下につれて、生母である丹後局も従二位を贈られた。権勢を愛したこの女性の虚栄心を満足させる地位とひきかえに、通親は、政治の中心に一歩近づく機会を得たのである。

が、じつはこれは彼の野望のすべてを満たしたものではなかった。権力者にごまをすって、何がしかの地位を手にすることなら誰でもできる。通親の狙っていたのは、そんなことではなかったのだ。彼は自分の前途の障礙となる兼実や、後白河側の丹後局に、あわれみを乞おうとして献身したのではない。後日、うまうまと彼らの足をすくうべく、その予備工作として、まず彼らに献身するのである。このあたりが彼の権謀の一筋縄ではゆかないところなのだ。

このときも、丹後局は従二位の位と娘の院号を得、兼実は娘の入内を得た。院の別当となるにとどまった通親の分け前は最も少ないように見えるが、後になってみて、彼らは、これが容易ならざる布石であることに気づかされるであろう。通親は、ふしぎと最初のうちは、自分の敵と思われる人のために献身的に奉仕する。いわば、彼の目的じたいとはまったく正反対の方へ全力疾走してみせるのだ。一本気をそのまま男らしいことだと早合点しているような人間にはとても真似はできない。こうした駆引きは言ってみれば貴族ふうの高度の言葉あそびであり、頭のゲームでもある。その頂点にあって駆引きの妙を発揮したのが通親なのであって、相手をうっとりするほど喜ばせておいて、彼は着々と、次の段階を準備する。

さて、兼実にも丹後局にも甘い汁を吸わせて安心させた彼の次の手は？　丹後局のバックアップのもとに、義理の娘の在子《ざいし》（妻範子が先夫能円との間にもうけた子）を、徐々に後鳥羽に近づけることだった。この範子が後鳥羽の乳母であったことを想起すれば、平家の都落ちを機に彼女に近づいた通親は、あるいは、ここまで計算に入れていたのではないか、と疑いたくなる。しかも、このとき、すでに後白河は死んでいた。丹後局としても、いまは彼を頼りにしなければならない状態であった。

さきに触れたように後鳥羽にはすでに兼実の娘が入内している。ここに在子を割りこませたことによって、中宮任子、女御在子の二人は、それぞれの父親の代理戦争をひきうけた形になる。こうなったら、どちらが先に第一皇子を生むかが運の分れめである。

このとき、運命の神は、わずかばかり任子の方へ向かってほほえんで見せた。在子が身ごもるより先に懐任の兆しがあらわれたのである。

――これは絶対に負けられぬ。

とばかり、兼実は、僧侶を動員して男子誕生の祈禱を始めた。ここで男の子が生まれたら、通親の計画は水の泡になる。

ところが、このとき、通親は、捨身ともいうべき奇策をぶっつけた。

で簡単に触れたとおり、頼朝をそそのかして、娘を入内させようとしたのだ。

考えれば、まことに奇妙な話だ。もしここで頼朝の娘が入内してきたら在子はどうなる？　かえって後宮はややこしいことになってしまうではないか……。

が、通親はその先を読んでいたのだ。もし兼実の娘が男の子を生んだとしても、頼朝の娘が入内してくれば、これに遠慮して、すぐには皇太子に立てないであろう。ともかく時間はかせげるし、兼実と頼朝の間に微妙なくさびを打込むことになる。さらに頼朝の娘に男の子でも生まれれば、なお面白い。在子の立場はなくなるが、ここで一騒動起これば、その間を縫って、ひとかせぎできないものでもない。武家の棟梁とは言いながら、心の中では公家まじわりしたがっている頼朝にも恩を売るいい機会ではないか。つまりどっちに転んでも損はないのである。

一見まったく馬鹿馬鹿しいような、自分に不利になるにきまっているような事をわざとやってみせて、じつはその先の先まで計算しているあたり、まさに日本一の権謀家といっていい。

ところが、このときは直後に皮肉なことが起こった。任子の後を追うように在子が身ごもったのだ。こうなっては、頼朝の娘の入内工作をした事など、いらぬおせっかいだ。

策士策に溺れたか——と思わせたが、このあたりが通親の運の強さだろうか、蓋をあけてみると、任子には女児が生まれ、在子には男児が生まれるという結果になった。しかも入内が約束されていた頼朝の娘の大姫は、それからまもなく病死してしまい、この話は雲散霧消してしまった。

源博陸への道

後鳥羽の第一皇子誕生！

この勝ち駒を手に握ってからの通親は、まさに天馬空をゆく鮮かさで、権力の座に駆け上る。彼が手はじめにやったことは兼実追い落しだった。彼と中宮任子が、新皇子の誕生を呪っているという噂を撒きちらし、まず任子を宮中から追い出し、つづいて兼実の関白（後鳥羽の成人以後は摂政から関白になっている）職をとりあげてしまった。

しかも、このときのやり方が血も涙もなかった。この当時は、辞職がきまっていても、一応、形式として、辞めたいという意味のことを書いた上表文を出す。すると天皇なり法皇は、これを慰留する。また上表し、慰留する——というようなやりとりがあり、三度目にやむなく辞表受理という形をとる。ところが、通親はこの形式を無視した。みずから会議を主宰する上卿《しようけい》という役につき、兼実の上表をも待たず、さっさとクビにしてしまったのだ。万事故事先例を重んじる兼実であってみれば、その屈辱感はひとしおであったろう。

このとき、兼実が頼みとしていた鎌倉の頼朝が兼実のために何一つ運動していないことをふしぎに思う人も多いようだが、それまでのいきさつを考えれば、通親の離間工作がかなり功を奏していたと見てよいのではないか。

これより先、彼は在子が皇子を生んだのを機に権大納言に昇進していたが、それ以上の野望は深く秘め、兼実の後釜には、無能の定評のある藤原基通を据えた。そうしておきながら、一方では頼朝の甥（姉の子）にあたる一条高能の官位をすすめたりして、ぬけめない手を打っている。

それから二年後、後鳥羽天皇が譲位し、在子の生んだ皇子が即位した。土御門天皇である。鎌倉幕府は院政を好まなかったが、その意向を無視して事を運んだのは通親らしい。彼が内大臣に昇進するのはそれからしばらくしてからだ。が、彼の家柄を思えば、内大臣は決して不当な出世ではない。他人の眼をそばだたせないだけの配慮は、このときに及んでも、彼の念頭を離れてはいなかった。

が、ここで眼をとめるべきは、内大臣という地位よりも、後鳥羽院の別当を兼ねたことであろう。これまでの廟堂のいざこざは、とかく天皇側と上皇側の間の円滑を欠くことから起こったものだが、賢明な通親は、それを避けるために、院と天皇と両方の権力を掌握してしまったのだ。

こうなれば、無能な藤原基通などは、ロボットにすぎない。人びとも、いまやすべての権力を通親が握ってしまったことを認めないわけにはゆかなかったようだ。当時の人が、彼を、
源博陸《げんはくりく》——源の関白。

内大臣でありながら、そう呼んでいたというのは、その実力のほどを物語るなによりの証拠ではないだろうか。

しかも彼の運勢の強さは、とどまるところを知らなかった。彼の画策を快く思わないでいたらしい鎌倉の頼朝が急死したのである。頼朝はこのとき、まだ娘を入内させる夢を棄てていなかったようだ。大姫が死んだ後は、その妹の三幡をと、ひそかに工作を続けていたのだが、これが実現しないうちに、五十三歳で死んだ。もっともこの娘もそれからまもなく病死し、頼朝の悲願は実らなかったのであるが……。

そのころになると、彼はかつての協力者、丹後局のことも、冷酷に切りすてている。後白河の死後、局は、ある託宣があったと称して、その廟を建てようと計画した。が、通親は、

「前例なし」

いかにも兼実の言いそうな理由をつけて、あっさりこれを握りつぶしてしまったので

ある。

ところが、それからまもなく、彼をめぐって奇妙な噂が流れた。彼が実の子以上の愛情を傾けて入内の後押しをしてやった在子——今は承明門院《しょうめいもんいん》という称号をもらって、国母の座についているその在子と、道ならぬ関係を結んでいるというのである……。

範子はこのときすでに死んでいた。この噂が本当かどうかはわからない。多年さまざまの策謀を用いて人を陥れてきた彼であってみれば、たとえ根も葉もないにしても、こうした噂を立てられる可能性は十分にある。

が、私はどうやらこの噂は真実だという気がしてならない。あれだけ手廻しのよい彼のことである。噂だけのものだったら事前に封じる手はいくらもある。それができなかったというのは、よほど確実な証拠を握られてしまったのではないかと思うのだ。

それを聞いた後鳥羽院は憤った。在子はしだいに遠ざけられ、代わって藤原重子《じゅうし》（のちの修明門院《しゅうめいもんいん》）が寵をうけるようになった。

では通親はどうしたか？　さしものやり手もついに年貢の納めどきがやってきたと見えたが、意外にも、事件はまったく別の方向へ転換した。彼は修明門院の生んだ第三皇子を土御門の東宮に立てることによって後鳥羽と折合いをつけてしまうのだ。在子を遠ざけたところを見ると、後鳥羽の疑いは晴れなかったらしいが、かといってそれと引替えに失ってしまうには、通親はあまりにも頼り甲斐のありすぎる存在だったようだ。しかもこのとき、通親はこの新東宮の傅《ふ》に任じられている。むしろこれによって、天皇、院、東宮の三か所をぎゅっと押えこんだ感じである。ちょっとやそっとの醜聞ではがたりともしないくらい、通親は宮中に根を張ってしまっていたのだった。

そこまで基礎を固めておいて、では次に彼がやろうとしていたことは何だったか？　おそらく鎌倉幕府打倒ではなかったか、と私は見ている。後鳥羽の念願がそれだったし、またそのゆえに、醜聞に目をつぶってでも、彼を側近から手放したくなかったのではないだろうか。

しかし、残念なことに、これは私の想像図に終わっている。なぜならその後にわかに通親の活動に終止符が打たれるからだ。

頓死であった。ときに五十四歳、三年前に急逝した頼朝とほぼ同年であったのも、何かの因縁だろうか。歴史に仮定をつけ加えるのはナンセンスだが、もしかりに彼が長生きしたら、鎌倉幕府との対決はあったろうか。これは当然あったと思う。現実の承久の乱が示すように、幕府との対決は、後鳥羽自身の悲願でもあり、歴史の必然でもあるからだ。

では、そのとき通親が生きていたら、勝敗は逆転したろうか？　私はそうは思わない。もちろん戦いの様相はだいぶ変わったものになりはしたであろう。後鳥羽のように味方の武力を過信し、猪突してみじめな負け方をするほど彼は先の見えない男ではないからだ。たぶん例の策略で、相手を罠にかけ、自分のペースに引きこんで、さんざんいじめぬいたであろうし、そうなれば、いかに冷静な北条義時でも、かなりてこずらなければならなかったに違いない。そしてあるいは通親のおかげで、日本の古代は、あと十年くらいは終焉を先にひきのばすことはできたかもしれない。

が、名人芸に近い通親の権謀術数も、しょせんはそこまで、と私は思う。なぜなら舌を巻くほどの彼の駆引きは、閉鎖された宮廷社会を出ないものだったからだ。

こうしたテクニックは、後白河、丹後局、兼実、あるいは平家一門に対しては、小気味がいいほど効果をあげる。自分より上のものをひきずりおろすなどは朝飯前である。そのために、もっと素朴で権謀に不馴れなものを料理するのは簡単なように思われるが、しかし鎌倉との対決はこうしたテクニックの問題ではない。いわば社会体制の対決であり、歴史の本質にかかわる戦いである。その中で彼の神通力がどれだけ通用したかは甚だ疑問だ。なぜなら、歴史の歯車を押しすすめるのは、洗練されたテクニックではなく、もっと野性にみちたバイタリティであるはずだからだ。やはり中世の歴史を開いてゆくのは、むくつけき東国武者であり、通親は平安王朝——古代社会の最後を飾る人物というべきであろう。

平安宮廷社会に渦まいていたこの権謀術数——。『源氏物語』に眩惑されて、平安朝は優雅で平穏な時代だと思うのは大まちがいで、事実は現在の議会政治そこのけの駆引きの時代だった。そしてその権謀は、まさに通親に到って、その頂点に達した観がある。二重三重にしくまれて、なかなか本心をのぞかせない巧妙なテクニックは、しばしば私に、当時の技巧の粋を尽した小仏像——たとえば、峯定寺《ぶじょうじ》のそれ——を想起させる。

このテクニックの爛熟は、また頽廃と背中あわせでもある。その意味で私には、水も洩らさぬ権謀家通親の、在子とのスキャンダルがたいへん興味深い。その末期的な華麗さはやはり都会人のそれであり、現代を考える上でも見逃し得ない問題でもある。

なお鎌倉時代の高僧道元《どうげん》は彼の子だという説がある。これについては、そうではないという学者もおられるので、ここでは一応触れずにおく。が、もしそれが事実だとしたら、権力に弱い日本の僧侶の中で、例外といってもいいくらい、きびしく権勢に近づくのを嫌った道元との対比は、人間というものを考える上でじつに興味深い。

後鳥羽院と藤原定家

百首歌への招待

人間には、ひとつの運命が通りすぎる決定的な瞬間がある。その瞬間とむきあっている人の姿を思いうかべるのは、歴史ものを書く者の楽しみのひとつでもあるが、もし定家におけるその瞬間を選ぶとするならば、私は、ためらいなく、一二〇〇年(正治二)七月十五日をとりあげたい。

そのとき――。

たぶん定家は、じっと一点を見すえたまま、しばらく無言でいたに違いない。

彼の手には一片の手紙が握られている。それをひらいたその瞬間から、たしかに彼の人生は新たな方向に動きはじめたのだ。

手紙は妻の弟、西園寺《さいおんじ》公経《きんつね》からだった。

「後鳥羽院が近々、有名歌人から百首歌を徴されます。その中の一人にあなたが加えられるよう、ただいま奔走しております」

義弟といっても、公経と定家では家の格が違う。もともと西園寺家は名家であり、公経も三十歳で、すでに従三位、参議、左中将に昇進している。これにくらべて、三十九歳の定家は、いまだに従四位上、少将、安芸権介《あきごんのすけ》にすぎない。朝廷に対してまったく発言力を持たない彼としては、この頼もしげな義弟の奔走によりかかるほかはなく、それだけに不安と期待は彼の胸を苦しいまでにしめつけたに違いない。

すでに定家の歌歴は二十年近い。そして、それは自負と屈辱の思いにさいなまれつづけた日々であった。

定家の家は御子左家《みこひだりけ》とよばれた「歌の家」である。

歌人として名高い藤原俊成《しゅんぜい》を父として生まれた定家は、早くから歌道の精進を続けていた。百首歌も二十歳ごろから作っているし、夙《つと》に父俊成の影響をぬけ出した新風を編み出していた。歌合《うたあわせ》に登場しては、よく鬼面人を驚かすような新表現を、あえてやってのけたものだ。

木のもとは日数ばかりをにほひにて花ものこらぬ春の古里

「春の古里」というのは、定家独自の表現である。このほか「露さびて」「風ふけて」など、従来の歌人が思いも及ばなかった言い方をどんどん使ってみせた。

伝統を重んじる公家社会では、当然激しい反対も起きた。中でも、

「奇をてらいすぎる」

と、歌の世界で御子左家と対立的な立場にあった六条家は猛反撃に出た。

「意味がわからぬ」

「こんな言葉を使うべきではない」

歌合の席上でも屈辱的な評をうけた。歌合というのは、決してのどかな歌会ではない。左右に別れて優劣を争い、勝の多いのをすぐれた歌詠みとした。その席上で、意味不明、というような評をうけることは、歌人としての生命を否定されることである。独自の唯美の世界を自負するだけに、定家の胸の中には、いつも不当な取扱いをうけているという不満が、くすぶりつづけていた。

じつをいうと、彼は西園寺公経の姉と結婚する前に、六条家の流れを汲む女性を妻にしていた。二人の仲が絶えたのも、ひとつはこの歌の上の確執があったからかもしれない。

定家は負けん気の強い男である。芸術家としての誇りを傷つけられては黙っていられず、ついに六条家を罵倒する。ところがそれが彼が家司《けいし》として仕える九条家の耳に入っ

て、謹慎を命ぜられるに到った。歌合の判の書き手を命ぜられた定家が、

「六条季経《すえつね》のような、えせ判者の言葉を書くのはがまんできませぬ」

と言ったとか言わないとか、そこに多分の捏造も加わって、頼みとしていた九条良経《よしつね》の機嫌をそこねてしまったのだ。公経の手紙の来る数か月前のことである。

定家は九条家の家司であったが、単にそれだけの結びつきではなく、九条家は定家にとって唯一の歌苑であった。当主だった兼実の主催する歌会へもたびたび出席したし、兼実の実弟である大僧正慈円との歌の贈答からも、大いに教えられた。

このころ兼実は政敵源通親に退けられていたが、定家は、代わって廟堂に進出した嫡男の良経に奉仕していたし、また良経が生得の天才歌人でもあったので、毎月数十首の歌をやりとりし、お互いにその才に磨きをかけあっていたのである。

その良経に謹慎を命じられたのだから、定家の衝撃は大きかった。

「身命ヲ惜シマズ、忠節ヲ存《オモ》フトイヘドモ、大小内外、存フニ似ズ。親雅《チカマサ》季経ノ讒言ヲ信用セラレ、処理セラル」（原文は漢文）

と彼は『明月記』に憤懣をぶちまけている。

謹慎はまもなく解かれたようだが、彼の恨みは決して消えたわけではない。その当時の彼は、才能を自負しながらいっこうに世にみとめられず、実生活のほうもいっこうにうだつのあがらない作家に似ていた。傷つけられた自負心は屈折し、ひがみっぽく、被

害妄想ばかり強くなってゆく。そして、まさにそのさなかに、公経からの知らせがもたらされたのである。

後鳥羽院の百首に加われるとすれば、今まで九条家サロンを中心として活躍してきた定家にとって、いまひとつ大きな舞台がひらけるわけである。不安と期待を募らせながら、彼はその日の日記に書きつけている。

「宰相中将（公経—筆者注）示送ノ事等アリ。其ノ内院百首ノ沙汰アリ。其作者ニ入レラルベキノ由、頻リニ執シ申スノ由ナリ。若シ実事タラバ、極メテ面目本望タリ。執奏ノ条々返ス返ス、畏リ申スノ由返答シ了《ヲハン》ヌ」

歌才の邂逅

以来定家には、百首歌のことしか頭にないように見える。都では廟堂で重きをなした花山院兼雅が死んだり、後鳥羽院の乳母範子が死んだり、殺人、洪水などの騒ぎはあったが、その間も、彼の念頭から百首歌のことは去らなかった。

しかも、百首歌の顔ぶれはなかなかきまらない。公経に問いあわせてみると、定家をその中に入れるという意見に、後鳥羽も満足の様子だったが、内大臣源通親の横槍で急に変更になり老練の者を選ぶということになった、と言う。

どうやらそこには、六条家の策謀が幅をきかせている様子なのだ。それを聞いて定家は、

「およそ古来、和歌が年功によるということは聞いたことがない。これらは偏《ひとえ》に六条季経が、自分を入れまいとして画策しているに違いない」

と憤慨する。何となれば季経は通親の家人である。しかも通親と定家の仕える九条家とが犬猿の間柄であってみれば、彼が召し出されることは、まず絶望といっていい。

この時定家自身は神詣でをし、父俊成も、八十七歳の老齢にもかかわらず、愛する息子定家のために奔走するが、なかなか効を奏さない。思いあまって、彼は公経の家に出かけてゆく。

「七月二十六日　宰相中将ノ許ニ向フ。即チ出逢ハル。所労アリ、以テ両三日出仕セズト云々。委《クハ》シク院ノ御気色ノ趣等ヲ示サル。所思ヲ達シテ退帰。時ニ亥ノ刻バカリ。コノ百首ノ事、凡ソ叡慮ノ撰ニ非ズト云々。只、権門ノ物狂ナリ。弾指スベシ」

今度のことはすべて通親の計らいで院自身の選択によるものではない、と聞かされ、

「あいつの気狂い沙汰か」

とぼやきを繰返す。

ところが、その後事態が再転して、彼は念願通り百首歌の作者に加えられることになった。

「八月九日早旦　相公羽林（公経—筆者注）夜前百首ノ作者仰セ下サルノ由其告アリ。午時《ヒル》バカリ長房朝臣ノ奉書到来、請文ヲ進ジ了ヌ。今度加ヘラレルノ条、誠ニ以テ抃《ベン》悦《エツ》（中略）二世ノ願望已《スデ》ニ満ツ」

外はこの日も大雨が降った。旱天《かんてん》と大雨がこう毎年続いては貧しい人びとはどうであろう、あわれなことだ、とはじめて彼はあたりを見廻す余裕を見せている。

このとき、百首歌には、定家のほか、藤原家隆《いえたか》、隆房《たかふさ》が新鋭として加えられた。後鳥羽の意向もさることながら、やはり俊成の工作が与《あずか》って力あったようである。

さて、そうときまれば歌を作らねばならない。しかし一方、九条家の家司として参院や寺参りのお供もしなければならず、やっと落ちついたのは十九日である。

「詠歌辛苦、門ヲ出デズ」

二十三日、突然、詠歌百首、明日までに提出せよとの命令が伝えられた。

「二十三日　卒爾周章、未時《ヒツジ》バカリ入道殿ニ参ル」

というのは、大あわてで父の俊成の家にかけつけて、今までできた分を見てもらったのである。できばえについては「難なし」と言われた。これは今日の「無難なでき」というのとはちょっと意味が違う。そのころの和歌には、歌ってはいけない「難」がきまっていたが、それがないということである。

まだこの日は二十首足りなかった。そこで翌日「周章構出」した。これを兼実に見てもらいさらに良経の所へ持ってゆくと、三首の駄目が出た。そこで考え直したが、なかなかできない。やっとのことで一、二首作ってこれととりかえて、どうにか期限に間にあわせた。

定家の歌は幸いにして後鳥羽の好みにかなったらしい。そのことが出てくるのは、二十八日の日記である。

「今度ノ歌殊ニ叡慮ニ叶フノ由、方々ヨリコレヲ聞ク。道ノ面目、本意何事カコレニ過ギンヤ」

このときの百首の中には、有名な

駒とめて袖うち払ふ蔭もなしさのの渡りの雪の夕暮

も交じっている。しかし、定家らしい歌としては、むしろ

梅の花匂を移す袖の上に軒もる月の影ぞ争ふ

あたりではないだろうか。

梅と月、匂いと光――。そこには、冷たく輝く白銀の世界がある。とぎすまされた感覚を重ねたこの定家独特の歌境に、二十一歳の青年後鳥羽は、おそらく舌を巻いたに違いない。

——歌とはこういうものか。美とはこういうものか。

そのころやっと歌への興味を持ちはじめた後鳥羽は、このとき美の世界の創造について、改めて眼をひらかれる思いがしたのではないだろうか。何に対しても熱中癖のある後鳥羽が、これ以後、憑かれたように作歌にあけくれるようになったのは、この百首歌、なかでも定家のそれに触発されたからだといってもいいだろう。

まさしく定家は勝ったのだ。彼の歌をけなし「新儀《しんぎ》非《ひ》拠達磨《きよだるま》歌」などとあざけっていた敵方にむかって、彼は華麗なる剣をふりかざして戦い、そして勝ったのだ。

以後定家と歌人上皇との間は急速に親しくなる。そのころから頻繁になる熊野詣での供をしたり、水無瀬《みなせ》離宮での歌会に伺候したり……。定家の生活も一変したが、後鳥羽は定家という歌才を吸収して、あざやかな進境をみせる。その意味では、この百首歌の催しは、日本芸術史上稀にみる劇的めぐりあい、といってもいいだろう。

ところで——。そのあざやかさに目をうばわれるせいか、この二人の出会いにかくされているもう一つの部分に、人びとは案外気づいていない。定家がこのとき得たのは、芸術家としての新天地だけではなかった。この百首歌の催しの直後、十月二十六日付で、彼は正四位下に叙せられているのだ。じつに三年ぶりの昇進で、このときの日記がまたおもしろい。当日彼はまだ自分の昇進を知らなかった。

「廿六日　天晴。今日京官ノ除目ト云々。耳殊ニ冷然」

ときわめてそっけない。ところが翌日、思いがけない知らせがやってくる。

「廿七日（中略）巳《ミ》ノ時、女房丹州ノ許ヨリ慶ビ神妙ノ由ヲ示送サル。驚キテソノ事ノ処ヲ相尋ヌルノ所、一階ヲ叙スト云々。忠弘ヲ以テ聞書ヲ伺ヒ出シ披見スルニ巳ニ名字ヲ載ス。（中略）内外ノ冥顕《ミヤウケン》、一言ノ望モ出サズシテ朝恩ニ預ル。叡慮ノ趣、極メテ以テ忝《カタジケナ》シ。御好道ノ間、述懐ノ歌ニナホ憐愍有ルカ、事ニ於テ存外、是以テ運ナリ」

まったく昇進をあきらめていたのに、降って湧いたように位をもらえたのだ。そのころ彼の仕える九条家は政権の圏外にあった。やりての内大臣源通親に牛耳られ、左大臣良経などは、まったくの飾りものにすぎず、家司の昇進に口ぞえすることもできない状態だった。従って、定家自身、昇進のための運動もしていなかっただけに喜びは大きかった。

――たぶんこれは上皇が歌を好まれるためで、自分の嘆きを歌った作に目をとめられてのことであろう……。

「旧労空シカラズ、極メテ心忝シ。コレヲ以テ、イカデカ奉公ニ励マザランヤ」

大げさな喜びようはどうであろう。文章のはずみ方は、むしろ百首歌を徴されることがきまった時よりも甚しい。

が、ひそかに日記を辿ってみれば、彼は決して何も運動しなかったわけではない。あれ以来彼の動きとして目立つのは、内大臣通親の主催する歌合への参加である。そして、この歌合への参加はその後もずっと続く。つい先頃まで「権門ノ物狂」などと悪態をついていたのはどこへやら、源通親が九条家のライバルであることなど、けろりと忘れてしまって、忠勤を励んでいる。このあたりに彼の出世の鍵はあったらしい。

定家には気の毒だが、私たちはさらに動かぬ証拠をつかんでいる。どうやら通親にあてて出したらしい申文《もうしぶみ》——昇任願いが、定家の自筆であるばっかりに、重要文化財として残っているのだ。

「寿永年間に公家の列に入って以来、二十年も経っておりますのに……」

泣き言めいたその言葉から、一二〇二年（建仁二）ごろのものと想像されるのだが、文面から察するところ、これが初めてではないらしいので、正四位を与えられ、歌合に出席するようになった直後から猟官運動は始められていた、と見ていい。

もちろん自薦の申文を出すのは当時のしきたりだから、そのことに眉をしかめるには及ばないのだが、彼もまたそうした官職を求めてうろうろする一人だったということは忘れてはならないだろうし、百首歌についても、それが、単なる芸術的飛躍のチャンスではなかったことを、考えるべきであろう。

しかも一つの地位を得られれば、さらにその上を、と定家の欲望は際限なく広がり、ほとんど全生涯を終わるまで猟官活動は続く。そのためには、通親と手を組んでいた後

鳥羽院の乳母、藤原兼子にも頭を下げた。日記の中では、

「あの狂女め」

などと罵っておきながら馬を献じたり、姉から兼子に所領を贈ってもらったりして、後にはとうとう三位の位をせしめてしまっている。

われわれはとかく定家の歌の美しさに魅せられて、この逞しき出世欲を見落としがちだ。しかしだまされてはいけない。この半面を見落としては定家という人間を理解したことには決してならないのだ。困ったことに、彼は『白氏文集《はくしもんじゅう》』を引いて、

「紅旗征戎《コウキセイジュウ》吾ガ事ニアラズ」

などと、現代人の好きそうな言葉を日記の中にちりばめていってくれた。おかげでわれわれは、日露戦争を知らずにいた某博士とか、およそ世間知らずの芸術家を連想しがちだが、これもかなり歴史ばなれした解釈である。ちなみに、この文句は『明月記』の一一八〇年（治承四）九月の条にあるので有名だが、歴史学者、辻彦三郎氏の研究によれば、この治承四、五年分の日記は、定家が晩年になって修正補筆した可能性が濃いのだという。その前提のもとに、辻氏はさらに興味ある所論を展開している。そうなると「紅旗征戎……」の語句は、むしろ一二二一年（承久三）五月に、定家が『後撰和歌集』の奥書に書きつけたほうが早いのではないか、というのである。

細かいことは専門の分野にわたるので省略するが、たしかに承久三年五月といえば都

中が承久の乱前後の慌しい雰囲気に包まれている折であり、定家自身の感懐に最もふさわしい、という辻氏の論証には、説得力がある。そして、治承四、五年記を修正補筆するにあたり、当時の世相を、

「世上乱逆追討、耳ニ満ツト雖モ、コレヲ注セズ」

と書き、それに続けて、再度「紅旗征戎……」と書きつけたのではないか、と辻氏は言われるのだが、歴史的体験と記憶が彼の心情に及ぼした過程を解きあかすものとして、これは大変興味ある論証である。

ここで私なりの解釈をつけ加えるならば、彼のいうところの「吾ガ事ニアラズ」は、もっぱら武力戦争に限られていると思う。この言葉から俗世間を超越した詩人像を彼の上に重ねることがいかに見当違いかは、出世に汲々とする彼の姿勢を日記の上で拾ってゆけばおのずから明らかになることであって、彼の言い方に従えば、合戦はしないかわり、執拗な猟官運動こそは、まさに公家たる者の本領とすべき「吾ガ事」にほかならなかった。

ということは、しかし、彼の歌の芸術性を否定することでは決してない。たしかにその美的感覚は卓越していたし、作歌態度も、むしろ、まじめすぎるほどまじめだった。その研ぎすまされた芸術性と、執拗な出世欲が一つの人格の中で両立していたところに、中世的人間としての定家の真面目《しんめんもく》があるのだ。

彼はだから、百首歌詠進の、芸術的、政治的あるいは功利的な意味を痛いほど知っていたに違いない。だからこそ、彼はこの百首に賭け、そして勝ったのである。が、その満たされた思いの中にあるとき、この先後鳥羽とのかかわりあいが、どのような様相を呈してゆくかは、さすがに予見することはできなかった。

『新古今』をめぐって

後鳥羽院と定家の蜜月は、その後しばらくは続いた。鳥羽や水無瀬の離宮での歌合、熊野詣で、仙洞《せんとう》五十首和歌……。中でも大がかりなのは、院主催の千五百番歌合であろう。この間に院の歌はぐんぐん上達してゆく。

優秀な素質のある人間の傍に、すぐれた先輩があって、どんどんその才能を引き出してくれるとき、人間の可能性はどれだけ伸ばすことができるか、という実例を、私たちはここに見る思いがする。

また定家にしても、広い活躍の場を与えられたことによって、詩境はますます深まり、その美的感覚は、ますます研ぎすまされたものになっていった。定家は書いている。

「建仁元年六月十一日　巳ノ時百首ヲ持参ス。右中弁ニ付シテ進入。宜シキノ由、御気色有ルノ由、弁コレヲ語ル」

「十三日　今日内府（通親―筆者注）幷《ナラ》ビニ宰相中将自余ノ上北面等、多ク百首殊ニ宜シキノ由、御気色有ルノ趣、粗《アラマシ》コレヲ示ス。日来、沈思心肝ヲ摧《クダ》ク、今此事ヲ聞キ、心中甚ダ涼シク感涙ニ及ブ。生レテコノ時ニ遇フ、自愛休《ヤ》ミ難シ」

「十六日（中略）今度ノ御製且《マサ》ニ見ルベキノ由仰セゴトアリ。コレヲ披《ヒラ》クニ金玉ノ声アリ。今度凡ソ言語道断、今ニオイテハ上下更ニ以テ及ビ奉ルベキ人ナシ。毎首不可思議、感涙禁ジガタシ（後略）」

さらに翌年六月、水無瀬殿で、後鳥羽の歌を数首見せられた。

「建仁二年六月五日　夜ヨリ又甚雨。終日濛々、巳時バカリ参上、未時バカリ出御。毎事例ノ如シ、清範《キヨノリ》ヲ以テ御製ヲ賜フ。一見ヲ加ヘ、返上スベキノ由仰セ事アリ。拝感ノ由、コレヲ奏ス」

そのとき、とりわけ定家が感銘をうけたのは、次の一首であった。

久恋《ひさしきこい》

おもひつつ経にける年のかひぞなき誰《た》があらましのゆふぐれの空

そのころの定家の歌を、千五百番歌合から一首あげておく。

春やあらぬ宿をかごとに立ち出づれど何処《いずこ》も同じ霞む夜の月

はりつめた神経の中での快いやりとり。

――ほほう、なかなかおやりになる。

――ふむ、そちらがこの手なら、こっちはこうだ。

――いや、これはおみごと。しかし、こちらには、こんな工夫もございますぞ。

磨きあげられてゆく美の世界。おそらく、こんな息のあった芸術家の師弟は、何世紀かに一度のめぐりあいというべきであろう。

そして、その中から、生まれるべくして生まれた共同作業が、八代集の最後を飾る『新古今和歌集』である。

『新古今和歌集』の撰のための和歌所《わかどころ》は定家と後鳥羽が交渉を持ちはじめてまもなく、一二〇一年（建仁元）に設置された。撰者は定家のほかにも源通具《みちとも》、藤原家隆、雅経《まさつね》等の数人が選ばれていたが、『千載集《せんざいしゅう》』を撰した俊成の子、定家としては、これこそ生涯のライフ・ワークと勇みたったに違いない。

歴代中最も和歌を愛した帝王と、考え得るかぎりの巧緻さによって妖艶きわまる言葉の芸術の構築を試みた家臣によって編まれたアンソロジーは、まさに、お互いの芸術的共感と敬愛の念に支えられた一大記念碑《モニュメント》になるはずであった。

ところが、この歌集が一応の形をととのえられたとき、二人の間には、決定的な罅《ひび》が入っていた。記念すべきこの大事業が存在したことによって、ふしぎにも、二人の共感は消えうせたのだ。せっかく『新古今』ができあがって竟宴《きょうえん》が行なわれたとき、定家は理由をつけてその席に歌さえ見せていない。

ではなぜこれほど惨憺《さんたん》たる結果がもたらされたのか。

ひとつには、それは両者の熱意のためであった。ものごとに熱中しやすい後鳥羽の、この歌集に賭ける意欲は異常なものがあり、候補にあがった二千余りの歌を、全部そらんじてしまったくらいだった。そして、どれを入れるかどれを棄てるか、いちいち自分できめなければ気がすまなかった。しかも帝王的な気ままさでその意向がくるくる変わる。入るときまっていたものが落とされたり、はずされたものが急に入れられたり……。

これでは他の撰者は、あってもなきがごとき存在である。後鳥羽以上に、この歌集に賭けていた定家も、口をさしはさむ余地もなかった。しかも相手は帝王であり自分は臣下である。同僚なら遠慮せずにけんかをするところでも、じっと口をとじていなければならない。もちろん官僚としての要領のよさも卑屈さも身につけている定家のことだ。帝王の側近に侍する利点は百も承知である。が、こと歌になると、人一倍熱心でもあり、自負心の強い彼としては、ご無理ごもっともとばかりは言ってはいられない。彼にはプロとしての誇りがある。その眼からみれば、しょせん後鳥羽はアマチュアにすぎない。

その後鳥羽の撰に甘んじ、自分の意見がまったく無視されていることには、がまんがならなかった。

かといって、さすがに面と向かって後鳥羽と意見を闘わせるわけにもゆかず、つい鬱屈した思いは、蔭口となって噴きだす。そしてこれが廻り廻って、後鳥羽の耳に入ることによって、二人の間はしだいに気まずくなってゆく。

「元久元年八月廿二日（中略）近日家長等讒言。天気不快ノ事等、多ク告示セラル。予御点歌等ヲ謗リ、歌ノ善悪ハ一身コレヲ弁ヘ存ズルノ由、誇張ノ気アリト云々……」

するとまわりでも、あいつは和歌のことではうぬぼれが強いからな、などと言い出すしまつ。

「そうだろうとも、和歌のことは、俺だけがわかっているっていう顔をしてるよ」

「だからついつい院の御撰の悪口を言うようになるのさ」

定家はすっかり嫌気がさし、弱音を吐く。

「元久元年九月廿四日（中略）万事無興、衆ニ交ルコト甚ダ無益ナリ。道心無キヲモッテ、ナマジヒニ旬月ヲ送ル。タダ恥辱ヲ増スニアランカ」

こんなことをしたって何もならない、歌を出しても無駄だから、と和歌所を休んだりする。撰者ならぬ撰者であってみれば、竟宴についていてもいたってそっけない。その日ま

でに仮名序や本文を清書して出せといわれると、

「とうてい間にあいません、もしどうしても清書せよというのなら、竟宴をおのばしになることですな」

と返事する。結局竟宴は清書以前の段階のまま行なわれることになった。大体定家はこの竟宴に不賛成なのだ。先例がない、というのである。質問をうけても、

「竟宴ノ事、先例不審（中略）、延喜ノ古今、天暦ノ後撰、管見ノ及ブ所、竟宴ノ事ヲ見ズ」

公家社会においては先例のないことをやるのは、あきれかえった暴挙なのだ。その日欠席した定家はその翌日の日記にこう書いている。

「抑《ソモソモ》此ノ事、何故ニ行ハルル事カ。先例ニ非ズ、卒爾ノ間、毎事不調、歌人マタ歌人ニ非ズ、ソノ撰不審」

しかも後鳥羽の『新古今』への執着は、竟宴が果てても終りとならず、そのあとも訂正が飽きもせず繰返された。定家は言う。

「二月二十六日（中略）和歌所ニオイテ、又新古今ヲ沙汰ス。期ノ尽クル事無キ也」

「十一月八日天晴。参上、仰《オホセ》ニヨリテ又新古今ヲ切ル。出入掌ヲカヘスゴトシ。切継ヲ以テ事トナス。身ニオイテハ一分ノ面目ナシ」

この記事のある一二〇七年（承元元）は、竟宴の二年後のことである。

『新古今』で、華麗なる剣を思うさまふるったのは後鳥羽ひとりであった。定家はその刃先を避け、相手になろうとしない。『新古今』は俺の撰ではない、という顔をしている。後鳥羽は王者の気ままさと孤独を、とっくりと味わったことになる。

もっとも、定家が気にいらなかったのは後鳥羽の独走癖だけではなかった。もっと本質的な――いわば、和歌の世界に対する立ち向かい方の差が、撰進過程ではっきりしてきた。そのことが、定家に後鳥羽との間に超えがたい溝を感じさせたのかもしれない。ただわがままだというだけなら、まだ許せる。同じ好みだというなら、まかせもしよう。ところが、その好み自身が、すでに問題なのだ。

気まぐれな王者の常として、後鳥羽は遊び好きだ。水無瀬の歌会の折でも、白拍子を大勢つれていって、踊れ歌えと、大騒ぎをしなければ気がすまない。もともとそういうことの好きでない定家には、水無瀬の御遊のお供は、決して楽なことではなかった。日記を見ても、ぶつぶつ言いながら、仕方なしに出てゆくことが多かったらしい。集められる白拍子も程度の悪いのが多いのだが、それでも、けっこう後鳥羽は御満足のていである。時には、その白拍子を一人ずつ預かれという命令が出る。定家は閉口して、局を白拍子に与えて、自分は近くの小さな家を借りるが、そこはひどいあばらやで、夜中に大雷雨があって、雨洩りに悩まされさんざんのていたらくであった。

定家から見れば、後鳥羽は、こうした遊興の合の手に、ちょいちょいと歌を作ってい

のである。

例の百首歌詠進のときにみられるように、一日家にこもりきりで苦吟することもあった

るとしか思えなかった。プロである彼は、いざ歌を作るというときは真剣そのものだ。

——これに比べて、なんたる軽忽……。

内心苦々しく思っていたのではないだろうか。たしかに芸術至上主義的な立場から見れば、後鳥羽の態度はふまじめかもしれない。が、後鳥羽が生得のものとして身につけていた「遊び」も、また芸術の本質の半面を担うものである。

遊びか、真剣な魂の叫びか——ということは、芸術の本質として、常に議論されていることだけれども、この場合も——それほど正面切って意識されなかったにせよ——二人の対立の根底にあったのはそれであった。

自分の歌について自負することの大きかった定家は、だから、後鳥羽の作を、内心「気ままな旦那芸」と思っていたかもしれない。が、旦那芸が素人っぽく、芸術的でない、と言いきることはできないのであって、公平に見るならば、後鳥羽のそれは、きわめて大どかな、そしてきらびやかな楽しさにみちた、まことに上質な旦那芸である。もし、芸術が人生の中の最も上等な遊びだとするならば、まさに中世文芸は、後鳥羽親撰の『新古今』を持つことによって最高潮に達したと見てもいいだろう。

第一、後鳥羽の『新古今』への打ちこみ方はどうだろう。楽しくて楽しくてたまらな

い、というその熱中ぶり……。何もかもおっぽりだして歌にとりくんでいった編集過程そのものが、すでに一個の芸術作品であった。

いいかえればこれはムードか、純粋性かということでもある。もちろん後鳥羽は定家の詩境を高く買っていたし、彼自身の作風もそこに基盤をおいてはいたのだが、ただ、そこを中心に、後鳥羽ごのみのムードに流れた分だけ、華麗さを増し、それが難解な純粋性をよしとする定家には気にいらなかったのである。

が、定家がいかに不満たらたらであろうとも、『新古今』親撰が歌人としての後鳥羽の養分となり、その詩才を一段と飛躍させた事は否定しがたい事実である。

　ほのぼのと春こそ空に来にけらし天の香久山霞たなびく
　見わたせば山もと霞む水無瀬川夕べは秋と何おもひけん

王者の風格をもった絶唱二首がこの前後に作られたことが、なによりも雄弁にそのことを物語っている。

訣別と戦乱と

『新古今』以後、しかし定家と後鳥羽の間はまったく断たれたわけではない。歌会には招かれるし、後鳥羽の希望で歌を提出したこともあるが、『新古今』を境に後鳥羽の和歌に対する興味はなぜか急速に衰えてしまったので、以前ほど親しく顔をあわせる機会はなくなったようだ。

そのころの後鳥羽の興味は、連歌のほうへ移っていた。王者らしい気まぐれかもしれない。和歌よりも肩のこらない気安さが、好みにあったのだろうか。定家ももちろんたしなまないわけではなかったが、それは、あくまでも碁打ちが将棋をさすほどの暇つぶしであり、それすら当世はやりの賭物をかけた遊びにするのは気がすすまなかったらしく、自宅での連歌の折に仲間からそういう提案があると、

「それはいけない」

と、大まじめにやめさせている。

ところで、それからしばらくして、二人の間に、あからさまな衝突が起こった。一二二〇年（承久二）二月、内裏での和歌御会に定家が「野外柳」という題で、

みちのべの野原の柳した燃えぬあはれ歎《なげ》きの煙くらべに

と読んだのが後鳥羽の激怒を買い、閉門を言い渡されてしまうのだ。残念ながら、『明月記』には、その部分が欠けているし、その歌だけ見たのでは、現在のわれわれには、どこが悪いのかさっぱりわからないが、当時の史料によれば、後鳥羽はひどく腹を立て

たらしい。

「定家卿煙くらべの後、しばらく歌を召すべからざるの由、院より仰せらる」(『順徳院御記』)

「去年(定家が)詠むところの歌、禁あり。よって、しばらく閉門。上皇逆鱗あり。今は歌においては召すべからざるの由仰せあり(中略)是あはれなげきの煙くらべにとよみたりし事也、敗輩に超越せらる、かくの如きか」(同右)

閉門はやがて解かれたようだが、歌の世界での活動は、かなりの間禁じられてしまったらしい。

史料の言うところに従えば、どうやら定家が、地位の昇進が思うようにならず、下輩に追いこされたことを歎いたのが、後鳥羽のかんにさわったものだという。

歌に托して、わが身の不遇をかこつことは、彼ら歌人がよく使う手段である。定家自身、正治年間、この手を使っていることは、すでに見たとおりだ。あの時は述懐の歌が眼にとまったかして、まんまと正四位をせしめたのだが、今度はこれが裏目に出た。

思うに後鳥羽が激怒したのは、定家がこの歌を順徳帝の歌会に出したからではないか。

——あっちこっちへ行って泣きつくな。

——この俺のくれてやった地位が不満だというのなら、なぜ俺に言わぬ。

後鳥羽には定家が、餌にありつくためには、どこへいっても尻尾をふる犬にみえたのかもしれない。また後鳥羽から見れば、歌はあくまでも遊びである。本来的なその楽しさと風格を忘れてはいけない。特に王者の歌会の座にあっては……。

そこへ定家の深刻ぶった、意味ありげな歌が飛びこんできた。事実このときの歌会の歌を見ると、いずれもみな美しくやさしい歌ばかりである。その中で一つだけ定家の歌が場ちがいな感じなのだ。しかもこのとき、彼はたびたび内裏から催促をうけながら、母の命日にあたるからの何のといって提出を拒んできた。あげくのはてが、あてつけがましいこの歌であってみれば後鳥羽の怒るのも当然である。

さらに言うならば、定家に対して、そのころの後鳥羽は、多分に釈然としないものを持っていたのではなかったか。というのは、定家は『新古今』以後、目立って鎌倉寄りの姿勢を見せていたからだ。

もともと、彼の仕える九条家、西園寺家は鎌倉幕府と縁が深い。そのせいもあってか、鎌倉武士の中で和歌をたしなむ内藤朝親《ないとうともちか》などは、早くから定家に指導をうけている。定家のほうもそこは要領よく顔をきかせて、『新古今』の中に、彼の歌を「読人知らず」として、こっそり入れてやるといった恩恵さえも与えている。

その上『新古今』ができあがったその年、早くも彼は朝親に托して、三代将軍実朝の許に届けているのだ。あれほどもてあまし、うんざりさせられた『新古今』ではあるが、利用するほうだけはぬけめなく利用している。竟宴の折には、清書が間にあいませんと言っているくせに、半年たらずのうちに、ちゃんと写しを作っているそのすばやさ！　その後も定家は、実朝の歌を見てやったり、歌論の『詠歌口伝』や『万葉集』を贈っている。しかもその折に、要領よく「所領の地頭の不法を何とかしてくれ」と頼むことは忘れていない。

権威者の匂いをかいで吸いついてゆくのは中級公家の身についた本能か。ここにも芸術家定家と奇妙に共生するもう一つの顔を見る思いがする。

後鳥羽は、定家と鎌倉の接近を知っていたろうか。知らないはずはない、とするのが、むしろ自然であろう。しかも『新古今』以後の彼は、定家とは逆に、反幕の姿勢をしだいにあらわにしはじめている。和歌より連歌へ、連歌より小笠懸《おがさがけ》や水練へ、そして刀鍛冶に異様な興味をしめし、北面の武士に加えて西面を置く。すべて倒幕のための準備である。

こうした後鳥羽であってみれば定家の動きが快いはずはない。この前後やたらに公家を閉門、恐懼《きょうく》（謹慎）などに処しているのは、動きのあいまいな連中への怒りだったのではないだろうか。定家の閉門の意味も、むしろその線の上に立って考え直したほうがいいかもしれない。

その前後から都の動きはしだいに切迫してきている。公家の下人《げにん》と鎌倉方の武士が武力衝突したり、後鳥羽が大内守護源頼茂《よりもち》を討とうとして、頼茂が自殺したり……そして、定家に閉門を命じた翌年、ついに後鳥羽は討幕の兵をあげる。承久の乱がこれである。

その結果について、いまさら語る必要はないだろう。あきれるほどの呆気ない戦い、そして完全な敗北。討幕の夢は、あっという間に潰《つい》え去ったのだ。

もともと無理な戦いだった。少しでも政治的感覚のあるものだったら、こんな軽率な戦いを挑みはしないだろう。大らかな歌才にめぐまれたこの王者は、反面、驚くほど政治的感覚の欠如した存在だった。定家の中に芸術性と出世欲が共生していたように、後鳥羽の中には芸術性と政治的無知とが何の矛盾もなく共生していた、といってもいい。

あるいは、和歌の面でみせた旦那芸と熱中しやすい性格が、むしろ彼を無謀な道へと突走らせたともいえるだろう。歌会の席で苦もなく「勝」を獲得しつづけていた彼は、戦いや政治でも、容易に勝利を手にし得ると思ったのだろうか。刀鍛冶に熱中し、武技に熱中すれば武士を制することができると思ったのだろうか。

戦いとはそんなものではない。社会構造を賭けての対決である。頼朝の挙兵以来数十年かかって築きあげられた武家社会をつき崩すということは、時計の針を逆に戻す愚挙に近い。それをうかうかとやったことは、政治家としては大失点である。一流の文化人なら政治をやらせても一流だと思いこむ錯覚は、現代でも横行しているが、それがとんでもない誤解だということを、承久の乱はよく物語っている。

やがて後鳥羽は隠岐《おき》へ流される。これに比べて事態を静観していた定家には幸運が廻ってきた。頼みにしていた西園寺家と九条家が幕府を後楯にして権力の座についたので、このおかげをこうむって従二位から正二位に進み、ついに一二三二年（貞永元）七十一歳で権中納言に任じられ、勅授帯剣を許された。

考えてみると、定家は時の流れに従って、九条家から後鳥羽院・通親・兼子グループへ、そして幕府・西園寺家とつねに主流派にくっついて生きてきている。手堅いと言おうか、狡猾と言おうか、まさに中級官僚の典型である。それに比べて、一勝負で身代をすってしまった後鳥羽は、政治においても旦那芸の域を出なかったというべきか。

『百人一首』の意味するもの

おもしろいことに、二人の勝負はこれでついたわけではない。後鳥羽という鬱陶しい存在が吹っとんだとき、定家は、和歌の領域でも、悠々と手足をのばす機会を得る。権中納言の座につくと同時に『新勅撰和歌集』撰進の命をうけるのだ。

すでに老境に入っていた彼はまもなく権中納言を辞して撰歌ひとすじに専念した。その後、約二年かかって草稿を作成、一二三五年（文暦二）二十巻を進献した。

今度こそ、定家一人の撰歌である。心おきなく自分の趣味にあわせて選べるという王侯の楽しみを定家は満喫した。ここでは『新古今』の華麗さ、言葉のテクニックの巧緻さは影をひそめ、いわゆるまことある歌——精神性、象徴性を追究した作品が主体になっているということは、よく言われることであるが、なによりも注目すべきは、後鳥羽の歌が一首もとられていないことであろう。

これは何を意味するのか。

「後鳥羽の歌は歌ではない」

というきびしい判断なのか、『新古今』への復讐か、それとも関東への遠慮か。彼の芸術性、俗物性をどう評価するかによって答えが違ってくる、きわめて興味ある遺産をこの老歌人は残していってくれた。

こうして定家が最後の剣をふるったそのころ、隠岐の孤島で後鳥羽も和歌の世界に戻りつつあった。ここで後鳥羽はみずから再撰して、三百数十首を削り『隠岐本新古今和歌集』を作った。

では、その中で定家の歌は？

思わずのぞきこみたくなるところだが、たしかに定家の歌は残っている（歌論の中では定家をやっつけたりはしているが）。このとき後鳥羽が『新勅撰』の内容を正確に知っていたかどうかということとともに、これも興味ある問題である。

一方の歌を切りすてたほうがきびしいのか、それとも、みとめつづけることが芸術的態度なのか、はるかに離れた所で、華麗なる剣をふるって切り結ぶ王者と歌人——その戦いの結論は、いまだに出されてはいないようだ。

ところで、ひとつ問題がある。定家の撰といわれる『百人一首』に後鳥羽の歌が入っているのを、どう解釈するかということだ。『新勅撰』以後に成立したそれに、なぜ定家は「人もをし」を入れたのか……。

何気なく子供のころから親しんできた「かるた」だが、じつはこの中には国文学上、なかなか解けにくい謎がひそんでいる。まず問題になったのは定家の撰ということじたいである。明治以前すでにその真偽が議論されたが、『明月記』の一二三五年（文暦二）五月二十七日条に、

「嵯峨中院ノ障子ノ色紙形、故《コトサ》ラニ予書クベキノ由、彼ノ入道懇切ナリ。極メテ見苦シキコトト雖モ、ナマジヒニ筆ヲ染メテコレヲ送ル」

とあって、天智天皇から家隆、雅経までの歌を書いたとしているので、まず定家の自筆でこうした和歌が書かれたことはまちがいないと思われるようになった。定家にこれを頼んだ「入道」というのは東国の豪族、宇都宮頼綱であって、当時嵯峨中院に山荘を持っていたし、頼綱の娘が定家の息子の為家《ためいえ》の妻になっていた関係で定家もその申し出を断わりきれなかったものと見える。

では、その時点で定家は後鳥羽の歌を書き入れたのだろうか。『新勅撰』で徹底的に無視した歌を書き入れたとすれば、その理由は何か。ここは政治的配慮をしないでもい

いから、ひそかに後鳥羽の才に敬意を払っていた定家はその歌も入れたのか……。

いろいろ疑問が出てくるわけだが、さらに、戦後この問題に一石が投じられた。国文学界で、新たに『百人秀歌』の存在が報告され、それがきわめて『百人一首』と内容が似ているにもかかわらず、後鳥羽の歌は含まれていないことが明らかにされたのだ。もう少し内容をくわしく説明すると、ここには百一人の歌、百一首が含まれているが、そのうち九十七首は『百人一首』と同じであって、残りの三首の作者が入れ替わり、一首は作者は『百人一首』と同一で、作品だけ違う。そのわずかの違いの中に後鳥羽の一首が含まれていることをどう解釈すべきか。まず、検討すべきはどちらが先に成立したかであるが、学者の間では『百人秀歌』が先に成立したと見ているようだ。

そこで問題はまた振出しに戻った。定家が書いたのは『百人一首』なのか、『百人秀歌』なのか……、国文学界の議論は現在まで持ちこされている感じである。一方においては、定家自筆と思われる後鳥羽院の「人もをし……」の色紙が紹介され、『百人一首』説が裏付けられた感もあるが、一方においては、定家の死後、息子の為家の時になって加筆があり、この際入れかえた数首の中に後鳥羽の一首が入っていたのではないか（つまり山荘では後鳥羽の歌は書いていない）、という説もあることをつけ加えておく。謎はまだ解けていない感じであるが、素人の近よりがたい国文学の領域に、私が心を魅かれるのは、ここに、中世人としての定家の姿勢がかかわりを持っているからだ。定家にとって、歌とは何であったのか。一方では歌人、一方では宮廷官僚であった定家——。政治と歌の接点にあった彼のあり方を、どう位置づけるべきなのか……。この場合、『新勅撰』で心ならずも権力に屈した定家が、『百人一首』でひそかに後鳥羽に敬意を表した、という解釈はいささか近代的すぎるような気もする。むしろ両者を使いわけたとすれば、王朝以来の晴《はれ》と褻《け》の意識に重ねあわせたほうがいいような気もするのだが、私自身、結論は出しかねているのが正直のところである。が、いま言えるのは、『百人一首』の問題はともかくとして、定家における歌は、現代の感覚で受取られるそれよりも、ずっと政治的色彩の濃いものではなかったか、ということだ。そう思うとき、一二〇〇年（正治二）、院の百首歌の作者に加えられたときの定家の緊張ぶりも、よりいっそう理解できるというもので、これは歌人としての登龍門であると同時に官界での出世の緒をつかむことでもあったのだ。

しかし、これを、現代の感覚で、歌を出世の道具にした嫌な奴と見るのも歴史的な理解ではないであろう。当時、歌とはそうした効用を持つものと信じられたし、事実、歌によって罪を免れたり、昇進の道を開いたりするエピソードは枚挙にいとまがない。紫《むらさき》式部《しきぶ》の父親の藤原為時《ためとき》が詩の一句によってよい地位を得た、というのもその一つであるが、逆にいえば、これは聖天子、あるいは名政治家はそういう一句に感心しなければならない、という社会環境のようなものがあったということであって、その故にこそ、政治と歌とは、密接につながりを持っていた、といえるだろう。

その例に洩れず、定家の中でも政治と和歌は分ちがたく結びついていたと見るべきである。『新勅撰』は権中納言定家の最後を飾る栄誉であって、これこそ彼の政治と文学の帰結であったのである。しかし、ここに到達するためには、かなりの政治的才幹——宮廷遊泳術を必要とした。だから後鳥羽よりも、政治的な感覚を持っていたのはむしろ定家——という思いをいま、私は深くしている。

そして皮肉なことだが、現実の王者、後鳥羽は、政治感覚においては欠けるところが多く、その分だけ、純粋な歌人だったといえるのではないか。政治というものはある意味では忍耐である。そのことは源頼朝の生涯がなによりもよく物語っているところであって、彼と比較するとき、後鳥羽があまりにも非政治的な王者であったことがはっきり浮彫りにされるであろう。そして、かくのごとき非政治的な王者や、政治的歌人の息づいてきた世界として理解するとき、中世のおもしろさはひときわ深まるような気がするのであるが……。

あとがき

これは私の鎌倉人物地図とでもいうべき一冊である。白地図に色を塗りはじめたのは十数年前からだが、塗り終えたのはつい最近、雑誌「歴史と人物」に源頼朝を書いたときだ。少し腰を据えて『吾妻鏡』を読みはじめたときから数えれば二十年にはなっているのだが、これまで私はまとまった源頼朝伝を書いていない。他からみればよく飽きもせずにと思われるくらい鎌倉時代の人間を追いかけながら、頼朝を書かなかったのにはわけがある。これまでともすれば「頼朝が旗揚げして平家を倒し、幕府を開き、武士の世が始まった」というような言い方が通用していることに、嫌悪に近いこだわりを持っていたからだ。

鎌倉時代は日本史上稀にみる大きな変革のなされた時代だが、これは決して源頼朝個人の力で行なわれたものではない。変革の真の担い手は東国武士団であり、正確には、あの時期行なわれたのは東国武士団の旗揚げだというべきであろう。

そう思うからこそ私は、頼朝に焦点をあてて時代の主役として扱うことを自分に対していましめてきた。それが最近、彼について書く気になったのは、もとよりその考え方が変わったわけではない。彼についての評価は前同様だが、それを踏まえた上で、あの時期に彼が果たした歴史的役割が描けるところまで来たような気がしたからだ。それには彼の同時代人を書きつづけてきた十数年の歳月が支えになってくれたと思う。鎌倉という名の人物地図を一区劃ずつ塗っていったことによって、頼朝という色に塗るべき部分がおのずと浮かびあがったということだろうか。

雑誌あるいは単行本など発表の場はいろいろだったが、私はそのときどきに最も興味を持てそうな人間をとりあげ、ひそかに私なりの人物地図を塗りつづけてきた。そして頼朝の部分を埋めることによって、それはやっと一区切ついた形になった。

この一冊は頼朝の血縁や姻戚の群像、ゆかりの深い東国武士団、ライバルともいうべき西国国家（朝廷側）の代表的人物の三部から構成されている。これは血と空間と時間が歴史を共有するあり方を眺める意図によるもので、平面的群像羅列ではなく、そこにぬきがたい血と時間のからみあいを含めたものが私の人物地図の試みなのである。

だから個々の人物の部分は決して単色ではない。単純な塗り分けはできないのだ。それだけに繋がりが深すぎて重複する部分がどうしても出てくる。上梓に際して各章についてかなり訂正加筆を行なったが、重複と知りながら削除しなかった部分もある。それが一冊を循環する血液のような役目を果たしている場合があるからだ。

以前『炎環』を書いたときに「一台の馬車につけられた数頭の馬が、思い思いの方向に車を引張ろうとするように、一人一人が主役のつもりでひしめきあい傷つけあううちに、いつの間にか流れが変えられてゆく――そのことに歴史を見たかった」という意味の「あとがき」を書いたけれども、この一冊にも同じような意図のあることを汲みとっていただければ幸いである。

源氏三代の乳母関係図

本系図は主として『尊卑分脈』や『吾妻鏡』の叙述によったが、配置の都合上、必ずしも配列は年齢順によらず、また本文に関係の薄い人物は省略してある。

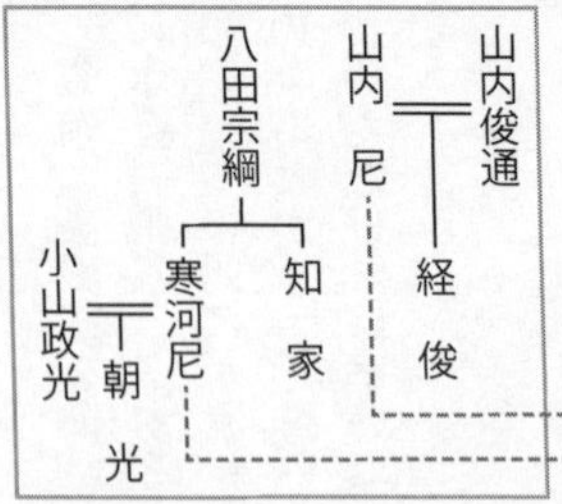

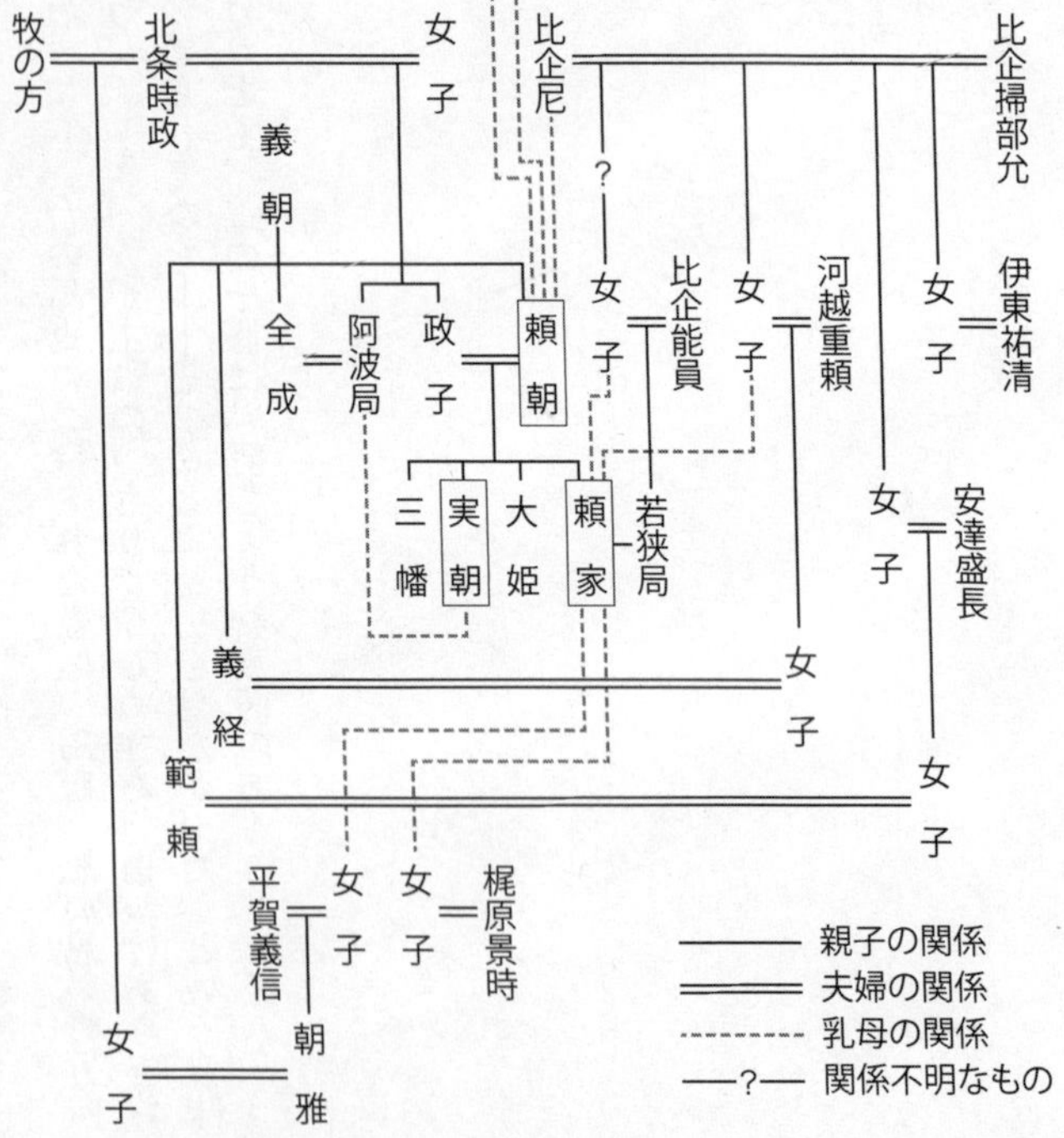

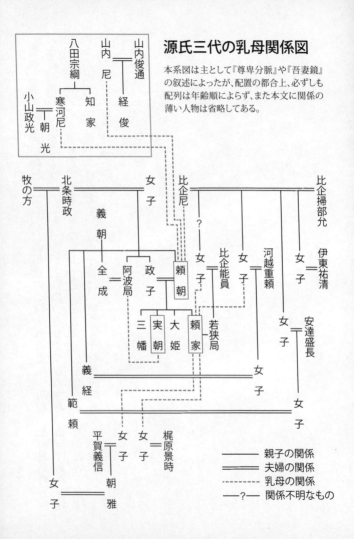

下野
上野
宇都宮
佐竹
常陸
足利
小山
新田
筑波山
八田
碓氷峠
平賀
河原
児玉
熊谷
多気
猪俣
私市
信濃
畠山
丹
比企
大串
下河辺
志田
秩父
河越
武蔵
下総
金子
村山
安田
一条
平山
江戸
葛西
武田
横山
千葉
小山田
海老名
波多野
岡崎
渋谷
稲毛
上総
甲斐
相模
大庭
梶原
富士山
中村
土屋
山内
曽我
足柄峠
三浦
鎌倉
上総
駿河
箱根山
土肥
和田
仁田
大多和
安房
宇佐美
北条
山木
伊東
安西
狩野
工藤
伊豆
東国武士の分布

参考史料

『吾妻鏡』全四巻（国史大系）　吉川弘文館
『玉葉』全三巻　国書刊行会
『明月記』全三巻　国書刊行会
『山槐記』全三巻（史料大成）　臨川書店
その他『大日本史料第四編』所収のものを使用。

参考文献

日本の歴史7『鎌倉幕府』　石井　進　中央公論社
日本の歴史9『鎌倉幕府』　大山喬平　小学館
日本の歴史12『中世武士団』　石井　進　小学館
『源頼朝』（岩波新書）　永原慶二　岩波書店
『北条政子』（人物叢書59）　渡辺　保　吉川弘文館
『北条義時』（人物叢書82）　安田元久　吉川弘文館
『北条泰時』（人物叢書9）　上横手雅敬　吉川弘文館
『畠山重忠』（人物叢書92）　貫　達人　吉川弘文館
『武蔵武士』　渡辺世祐・八代国治　有峰書店

『後鳥羽院』（日本詩人選10）　丸谷才一　筑摩書房
『藤原定家』（人物叢書95）　村山修一　吉川弘文館
『藤原定家明月記の研究』　辻彦三郎　吉川弘文館
『小倉百人一首』（全対訳日本古典新書）　犬養　廉（訳注）　創英社

本書に関連する著者の作品

『北条政子』（文春文庫）　文藝春秋
『炎環』（文春文庫）　文藝春秋
『絵巻』（角川文庫）　KADOKAWA
『相模のもののふたち』（有隣新書）　有隣堂
『つわものの賦』（文春学藝ライブラリー歴史42）　文藝春秋

解説〔中公文庫版〕

尾崎秀樹

　永井路子が東京の野方から鎌倉へ移ったのは昭和三十七年暮近い頃だ。ちょうど「近代説話」に「炎環」の一部をなす「悪禅師」「黒雪賦」「いもうと」などを発表した前後である。これらの連作に「覇樹」を加えてまとめられた「炎環」は、第五十二回の直木賞を受けている。

　鎌倉へ移る直前に、団地住いをしていた私のところへ、彼女は訪ねてきて、鎌倉について話しあった記憶がある。ちょうど鎌倉三代を素材にした「炎環」を執筆中だったことともあって、偶然以上のものを感じ、「鎌倉政権の確立は中世社会を実現した点で、明治維新に対比される時代的なエポックだし、案外、鎌倉に行くとそのとりこになってしまうかもしれない」などと、冗談めかしていったことが思い出される。

　しかしそれは私の認識不足で、実際には彼女は早くから鎌倉期にたいして関心を抱き、すでに「吾妻鏡」などの基礎史料を読破しており、移転先を鎌倉の地に選んだこと自体、ひとつの選択だった。永井路子は「つわものの賦」のあとがきで、最初の連作「炎環」を書きはじめたのが一九六二年、はじめての新聞小説「北条政子」からも十年（昭和五十三年現在)、その間に鎌倉期をあつかった作品をそれほど多く書いたとはいえないが、この時代のことはいつも念頭からはなれず、書きながら考え、書き終っても考えていたと回想している。鎌倉幕府の公式記録である「吾妻鏡」も、何度か読み返すうちにいつか表紙がとれ、ぼろぼろになってしまったという。

だがこうやって鎌倉期にわけ入ってゆくにつれて、この時代が語りかけてくるものを、はっきりと胸の中にたしかめられるようになったそうである。

「大きな変革の時代だ、ということは前から感じていた。私が小説にとりあげたのも、そこに興味を持ったからなのだが、その実態が『吾妻鏡』の中から浮かび上って来るに及んで、変革の大きさ、深さを改めて痛感させられた。もし日本に真の変革の時代とよべるものがあったとしたら、この時代を措いてないのではないか、という思いが、今は確信に近いものとなっている」

古代社会に終止符をうち、中世の新しい時代をひらくのが鎌倉期だが、その裏には激動の歴史が秘められていた。まさに「大きな変革の時代」なのだ。永井路子が鎌倉期に向う姿勢はこの言葉に象徴される。大きな変革の時代だったからこそ、尽きない関心をよびさまされるわけだが、それは同時に彼女自身の戦中・戦後体験の表白でもある。戦時下に女子大に学び、戦後の混沌期を編集者として過した永井路子は、その世代的な実感をもって歴史にきりこんでゆく。敗戦という歴史の転換点を、青春の中に刻んだ者の一人として、変革の時代にたいするふかい関心が培われたことは、当然かもしれないが、執拗にその対象に迫り、「炎環」「北条政子」にはじまり、「つわものの賦」「相模のもののふたち」「源頼朝の世界」とつづく仕事は、作者自身の里程標でもあるのだ。

昭和五十四年にはそれらの作品を原作とする「草燃える」がNHK大河ドラマとして放映され、鎌倉期にたいする一般の関心もたかまり、永井路子の著作もあらためて注目された。「源頼朝の世界」(昭和五十四年一月、中央公論社刊)もそのひとつである。

すでに雑誌やシリーズものなどに発表された文章を集めた歴史エッセイ集だが、無作為的に並べたのではなく、意図的な配置をもつことが理解される。全体は三部の構成からなっており、「頼朝とその周辺の人びと」「逞しき東国武者」「西国の陰謀家たち」の章がしめすように、それぞれの代表的人物に光をあてながら、その対応関係の中で、鎌倉人物地図を描きあげている。

歴史の中の人物を一色で塗りつぶすことはできない。他の人物の色あいとダブる部分があり、その出会いと別れが、愛の色調を添えたり、戦乱の過激な調べを加えたりするからだ。その意味では、この構成自体に作者の鎌倉時代観とでもいったものが読みとれる。

「炎環」は頼朝の異母弟にあたる悪禅師全成、その妻で政子の妹でもあり、実朝の乳母だった保子、頼朝の補佐役であり、政策遂行の陰の人となる梶原景時などを、それぞれの立場から描きわけ、数頭の馬が思い思いの方向に車をひっぱろうとしながら、結局はひとつの方向へ突っ走るように、さまざまな人物の動きが歴史の流れをつくり出してゆくさまをしめしていた。また長篇「北条政子」では、尼御台政子の生きざまを女性の眼でたどっていた。しかし頼朝を主人公にした作品は書かれていない。つねに遠景にすえられているだけだ。「源頼朝の世界」は、「源頼朝」を冒頭においた人物地図だけに、はじめて直接法で語った歴史エッセイだといえよう。

なぜ頼朝を書かなかったかについては、作者みずから「あとがき」の中で語っている。これまでややもすれば頼朝の挙兵で平家が打倒され、鎌倉幕府が開かれたといった単純なみかたが一般にまかりとおっていたが、そういった俗説に、潔癖に反撥するものがあったからだという。「源頼朝の世界」はそのような通説にたいして客観的な叙述をしめしたものでもある。

「源頼朝の世界」のおもしろみは、頼朝の存在を一般的な通念から洗い出し、東国武士団のバランスの上に立つ旗として位置づけるとともに、その平衡感覚に富んだ政治家的器量を、変革の時代に位置づけた点にある。その視点にたてば、激烈な主導権争いにも筋が通る。しかも当時の人脈ともなる乳母制度がはたした役割（その因果関係）に、するどいメスを加えているあたりに、作家としての眼が光っている。

公暁の実朝暗殺の黒幕は、これまで北条方だとみなされてきた。永井路子は三浦義村の存在に注目し、義村が実朝と北条義時の二人を暗殺し、公暁を将軍に立てて幕府の実権を握ろうとしたものの、事前にその動きをキャッチした義時が危うく難を避けたため、計画が挫折したという解釈をうち出し、それを「炎環」の中で具象化した。このような理解の裏にも、義村の妻が公暁の乳母だった事実があり、乳母と乳母子の関係がいかに密接だったかを語っている。

永井路子のこの説は、その後、歴史学者たちにもうけいれられるようになった。中央公論社版「日本の歴史」の「鎌倉幕府」で、著者の石井進はつぎのように書いている。「歴史小説のわくぐみとして示されている解釈ではあるが、わたくしはこの見かたに大変魅力を感ずる。この事件に果たした三浦氏の役割の大きいことは、だれしもみとめざるをえないが、その行動をこれまでのように、ただの義時の一味徒党とだけみるのは、たしかにまだよみが浅い」

これは一例にすぎないが、永井路子の鎌倉時代を見る眼のたしかさとするどさを裏書きするものだ。

「源頼朝の世界」は、そういった基本的な視座をしめすだけでなく、人間観の上でも興味ぶかい観察をみることができる。頼朝を、不運におちいったとき、奇妙な運のつよさを発揮する人物だといい、東国武士団の旗としての役をつとめながらも、征夷大将軍の実権を握り、中世的な社会を開いていった政治家だと評価しているのもおもしろいし、また北条政子を、たまたま変革期に生まれあわせ、頼朝の妻となったため、失敗をくり返しながらも、東国の女らしい庶民的で骨の太い歩みを残したとするなど、現代人にも納得のゆく人間像を述べている。

それだけでなく、無為無策ともみえた北条義時が、立つべきときに敢然として立ち上り、既成の権威と対決したことに、冷静な史眼と決断力をみている。さらに西国の朝廷側を代表する後白河法皇については、芸術家気質を備えながら、動乱期の政治をゆだねられたところにその悲劇性をとらえ、マキャベリスト源通親に現代との対応を暗示するなど、いかにも永井路子らしい歴史・人間・解釈が随所にある。

歴史文学は今をもって過去を打つ方法だが、永井路子の歴史小説もまたその好例であり、「源頼朝の世界」は彼女の作品の手びきともなる。とくに「炎環」や「北条政子」を読む上で参考になるだけでなく、鎌倉時代をふかく知るのに欠かせない歴史エッセイ集である。

（おざき　ほつき／文芸評論家）

解説〔朝日文庫版〕

細谷正充

歴史は繰り返す。本書『源頼朝の世界』が復刊されたことで、あらためてそう感じた。と、いきなり書いても意味不明だろうから、もう少し詳しく説明しよう。本書の単行本が中央公論社(現・中央公論新社)から刊行されたのは、一九七九年一月である。この年のNHK大河ドラマは、永井路子の『北条政子』『炎環』『つわものの賦』『相模のものふたち』など、鎌倉時代を題材にした小説や歴史エッセイを、脚本家の中島丈博がドラマに再構築した『草燃える』である。刊行時期を見れば分かるが、大河ドラマを意識した出版であることが明らかだ。

そして今、本書が復刊される。二〇二二年のNHK大河ドラマ『鎌倉殿の13人』を意識していることは、いうまでもない。とはいえ、『草燃える』と『鎌倉殿の13人』の内容は、かなり違っているようだ。『草燃える』は、源頼朝の挙兵から、鎌倉幕府三代将軍実朝が暗殺された後の混乱が落ち着くまでの歴史の流れを、頼朝と北条政子を中心に、多彩な人物を配して描いている。一九七九年にかまくら春秋社から刊行されたムック『「草燃える」の詩』の中には、「中世・鎌倉時代にスポットを合わせた人間群像ドラマだ」

と書かれているが、『草燃える』が〝人間群像ドラマ〟になったのは当然だろう。本書の「あとがき」で作者が、

「鎌倉時代は日本史上稀にみる大きな変革のなされた時代だが、これは決して源頼朝個人の力で行なわれたものではない。変革の真の担い手は東国武士団であり、正確には、あの時期行なわれたのは東国武士団の旗揚げだというべきであろう」

と、述べているではないか。日本史上初の武家政権である鎌倉幕府が生まれるためには、たくさんの東国武士の行動と想いが必要だったのだ。そのような歴史観を抱く作者が原作者であるからこそ、『草燃える』は人間群像ドラマになったのである。

では、『鎌倉殿の13人』はどうか。この解説を執筆している時点で、まだドラマは始まっていないので、はっきりしたことはいえない。しかし、NHKのサイトにアップされている記事で脚本家の三谷幸喜は、このような発言をしている。二代将軍頼家の時代に始まった、重臣十三人の合議制は「僕好みの設定です」といい、

「この13人が勢力争いの中で次々と脱落していくなか、最後に残ったのが『北条義時』です。いちばん若かった彼が、最終的に鎌倉幕府を引っ張っていく最高権力者になる。

そこまでを、今回のドラマで描いていきたいと思っています」

と、述べているのだ。なるほど、織田信長亡き後の家臣たちの権力争いを描く映画『清須会議』で原作・脚本・監督を担当した、三谷らしい題材のチョイスである。そして十三人の勢力争いは〝人間群像ドラマ〟になると思っていいようだ。『草燃える』と『鎌倉殿の13人』が、共に人間群像ドラマとなるのは、鎌倉時代が群像によって創られていったからなのだろう。

このような観点から本書を見ると、まず時代の群像が「頼朝とその周辺の人びと」「逞しき東国武者」「西国の権謀家たち」の三つにカテゴライズされている。「頼朝とその周辺の人びと」では、「源頼朝」「北条政子」「比企尼と阿波局」「頼家と実朝」「北条義時」と、鎌倉幕府関係者をピックアップ。現在、歴史研究はもの凄い勢いで進んでおり、本書が刊行された頃とは、隔世の感がある。だが、それだからこそ、作者の歴史に対する見方の先進性に驚くのだ。たとえば、乳母の力。「比企尼と阿波局」を読んで、この時代にここまで乳母の役割に踏み込み、歴史を解釈していることに仰天した。今読んでも、実にスリリングである。

また「北条義時」では、早くも義時に注目し、その不可思議な人間的魅力を引き出している。『鎌倉殿の13人』が始まったら、本書の「北条義時」と比べてみるのも、面白いだろう。なお、十三人の合議制については、「頼家と実朝」などで触れているが、特に項を立てていない。たまたまなのかもしれないが、作者の視点による十三人合議制も、ガッツリ読んでみたかった。

次に「逞しき東国武者」だが、取り上げられている「三浦一族」「伊豆の軍団」「武蔵七党」を通じて、作者の鎌倉時代観が伝わってくる。ここに書かれているのは、まさに東国武士軍団だ。北条一族ばかりクローズアップされていたとき、三浦一族が時代に与えた影響の大きさを明らかにし、実朝暗殺の黒幕が三浦義村であるという見解を打ち出した作者が、歴史学者を驚倒させたのは周知の事実であろう。「三浦一族」を読むと、たしかにこの一族の凄さが理解できる。

また個人的には「武蔵七党」が興味深かった。いまだに歴史小説で、ほとんど手つかずの題材だからだ。武蔵七党の横山党が、小野篁の子孫を称する集団だったなんて、幾らでも面白い話が創れるはず。誰か書いてくれないだろうか。

そして「西国の権謀家たち」では、「後白河法皇」「源通親」「後鳥羽院と藤原定家」が、取り上げられている。稀代の権謀家、強力なデスポット（専制君主）といわれがちな後白河法皇について、芸術家気質を掘り下げながらも従来とは違う人間像を与えた「後白河法皇」。後鳥羽院と藤原定家を、和歌をめぐる確執を通じて描いた「後鳥羽院と藤原定家」。どちらも面白いが、一番、その肖像に惹かれたのは「源通親」だ。朝廷でマキャベリストぶりを発揮して基礎を固めた通親が、次にやろうとしていたことを作者は、「鎌倉幕府打倒ではなかったか」と見ている。もちろん通親の頓死により、これは実現しない。しかも実現したとしても、勝つことはないと断じているのだ。作者は、北条義時と源通親が好きなようだが、人物を見つめる視線は冷徹だ。だからこそ、その肖像に納得できるのである。

以上、本書を俯瞰してみて思い出したのが、釣りの世界にある、「鮒に始まり、鮒に終わる」という諺《ことわざ》だ。ここでいう鮒とは、マブナのこと。近場の川や沼に行き、簡単な道具で釣ることができる。それにより釣りの入門に適した魚になっているのだ。しかしマブナを出発点にして、釣りの世界に浸かるようになると、マブナ釣りの奥深さが見えてくる。簡単なことの中にこそ、真理があるのだ。そのことを指して「鮒に始まり、鮒に終わる」というのだろう。

本書は、その諺を具現化したものといえないだろうか。鎌倉時代をよく知らなければ、分かりやすい入門書になる。しかし歴史に詳しい人が読めば、歴史の深い知識と、新たな知見によって表現された人物像に圧倒される。一例を挙げよう。源義経の恋人の静御前が捕らえられ、母親ともども鎌倉に送られたときのことだ。鶴岡八幡宮で舞を強要された静御前は、義経を慕う舞を舞い、頼朝の不興を買う。しかし北条政子は夫の頼朝をなじり、静御前の行いは当たり前のことだというのである。このエピソードを書いた作

者は続けて、

「それより注目したいのは、政子の『吾妻鏡』への登場のしかたである。これまで彼女は冷酷で権勢欲の強い女のように思われてきたが、頼朝在世中に彼女が現われるのは、こうした場面だけであって、本筋の政治に介入した形跡はまったくない」

と、記しているのだ。こうした史料の読み取り方には、感嘆するしかない。それを積み重ね、じっくりと考察しているからこそ、確固たる人物像が浮かび上がってくるのだ。だから、政子が〝情の女〟であり、頼朝の死後、否応なく政治の座に引っ張り出されたという、作者の主張をすんなりと受け入れられるのである。

永井路子という作家の眼を通して見た歴史は奥深く、人間は魅力的だ。そこに作者の著作を読む、大いなる喜びがある。

（ほそや　まさみつ／文芸評論家）

源頼朝《みなもとのよりとも》の世界《せかい》

朝日文庫

2021年12月30日　第1刷発行
2022年3月30日　第3刷発行

著　者　永井路子《ながいみちこ》

発行者　三宮博信
発行所　朝日新聞出版
〒104-8011　東京都中央区築地5-3-2
電話　03-5541-8832（編集）
03-5540-7793（販売）

印刷製本　大日本印刷株式会社

Published in Japan by Asahi Shimbun Publications Inc.
定価はカバーに表示してあります

ISBN978-4-02-265022-1
落丁・乱丁の場合は弊社業務部（電話 03-5540-7800）へご連絡ください。
送料弊社負担にてお取り替えいたします。

アレックス・カー
美しき日本の残像

茅葺き民家を再生し、天満宮に暮らす著者が、思い出や夢と共に、愛情と憂いをもって日本の現実の姿を描き出す。《解説・司馬遼太郎》

原　武史
大正天皇
《毎日出版文化賞受賞作》

これまで風説に埋もれていた大正天皇の素顔を明らかにし、明治と昭和を含めた近代天皇制全体の見取り図を描き出した傑作評伝。

大庭　みな子
津田梅子

日本初の女子留学生として渡米し、帰国後は日本の女子教育に身を捧げた津田梅子。津田塾大学の創始者の軌跡を辿る。《解説・髙橋裕子》

大佛　次郎
激流
渋沢栄一の若き日

妄信的に攘夷運動に奔走するも幕府側につき、徳川慶喜に仕えた若き日の渋沢栄一が、西欧の神髄を知るまでの半生を描く。《解説・末國善己》

森　光子
吉原花魁《おいらん》日記
光明に芽ぐむ日

親の借金のため吉原に売られた少女が綴った、壮絶な記録。大正一五年に柳原白蓮の序文で刊行され波紋を呼んだ、告発の書。《解説・斎藤美奈子》

森崎　和江
からゆきさん
異国に売られた少女たち

明治、大正、昭和の日本で、貧しさゆえに外国に売られていった女たちの軌跡を辿った傑作ノンフィクションが、新装版で復刊。《解説・斎藤美奈子》

葉室 麟
この君なくば
伍代藩士の譲と栞は惹かれ合う仲だが、譲は密命を帯びて京へ向かうことに。やがて栞の前に譲に心を寄せる女性が現れて。《解説・東えりか》

葉室 麟
柚子《ゆず》の花咲く
少年時代の恩師が殺された事実を知った筒井恭平は、真相を突き止めるため命懸けで敵藩に潜入する——。感動の長編時代小説。《解説・江上 剛》

葉室 麟
風花帖《かざはなじょう》
小倉藩の印南新六は、生涯をかけて守ると誓った女性・吉乃のため、藩の騒動に身を投じていく——。感動の傑作時代小説。《解説・今川英子》

梶 よう子
ことり屋おけい探鳥双紙
消えた夫の帰りを待ちながら小鳥屋を営むおけい。時折店で起こる厄介ごとをときほぐし、しなやかに生きるおけいの姿を描く。《解説・大矢博子》

畠中 恵
明治・妖《あやかし》モダン
巡査の滝と原田は一瞬で成長する少女や妖出現の噂など不思議な事件に奔走する。ドキドキ時々ヒヤリの痛快妖怪ファンタジー。《解説・杉江松恋》

畠中 恵
明治・金色《こんじき》キタン
東京銀座の巡査・原田と滝は、妖しい石や廃寺の噂など謎の解決に奔走する。『明治・妖モダン』続編！ 不思議な連作小説。《解説・池澤春菜》

宇江佐　真理
うめ婆《ばあ》行状記

北町奉行同心の夫を亡くしたうめ。念願の独り暮らしを始めるが、隠し子騒動に巻き込まれてひと肌脱ぐことにするが。《解説・諸田玲子、末國善己》

宇江佐　真理
憂《う》き世店《よだな》
松前藩士物語

江戸末期、お国替えのため浪人となった元松前藩士一家の裏店での貧しくも温かい暮らしを情感たっぷりに描く時代小説。《解説・長辻象平》

山本　一力
たすけ鍼《ばり》

深川に住む染谷《せんこく》は〝ツボ師〟の異名をとる名鍼灸師。病を癒やし、心を救い、人助けや世直しに奔走する日々を描く長編時代小説。《解説・重金敦之》

山本　一力
立夏の水菓子
たすけ鍼《ばり》

人を助けて世を直す——深川の鍼灸師・染谷の奔走を人情味あふれる筆致で綴る。疲れた心にもじんわり効く名作時代小説『たすけ鍼』待望の続編。

山本　一力
辰巳八景

深川の粋と意気地、恋と情け。長唄「巽八景」をモチーフに、下町の風情と人々の哀歓が響き合う珠玉の人情短編集。《解説・縄田一男》

五十嵐　佳子
むすび橋
結実の産婆みならい帖

産婆を志す結実が、それぞれ事情を抱えながらも命がけで子を産む女たちとともに喜び、葛藤しながら成長していく。感動の書き下ろし時代小説。